桃田賢斗が世界一になった30の理由

桃田賢斗

中西洋介
バドミントン日本代表コーチ

佐藤翔治
NTT東日本バドミントン部コーチ

ベースボール・マガジン社

JTB
SPORTS
AIHATSU

はじめに

リオ五輪が目前に迫った2016年4月。違法賭博問題で、無期限の出場停止処分を受けました。

あれから自分は変わりました。

それまでは、今思うと、いい加減。

調子に乗っていて、やりたい放題。

けれど、あの日から、たくさんの人に心配をかけ、いろいろな人を裏切って、それでも、応援してくれる人がいた。

そこで変わらなかったら、人として終わりです。

僕は今、世界一になり、世界ランキングは1位です。周りの方々に支えられ、一つひとつ階段を上って、この場所に立っています。

振り返れば、あの日の前にもあとにも、さまざまなことがありました。東日本大震災、交通事故、コロナ禍、オリンピックの延期。

でも僕は、どんなことがあっても、前を向きます。

それが自分の責任だと思っています。

この本では、30のキーワードに分けて、15歳から現在までの僕の言葉を紹介しながら、今の自分ができあがった理由を伝えてみようと思います。僕がどんなふうに変わったのか、考え方やプレースタイルの変遷を感じていただければ、うれしいです。

そして、信頼する指導者であり、いつも近くでサポートしてくれる日本代表の中西洋介コーチ、NTT東日本の佐藤翔治コーチには、それぞれの視点で僕の戦い方、生き方を語っていただきました。僕自身も気づいていなかった、桃田賢斗像を見つけることもでき、お二人に改めて感謝したいと思います。

この本を通して、バドミントンを好きになる人が一人でも増えてくれればと願っています。

桃田賢斗

目次

第三章 体 body……72

第四章 転機 turning point……82

第五章 生き方 lifestyle……104

DAIHATSU

第一章 心 spirit

01 苦しいときこそ、周りを見る

3ゲームマッチのバドミントン。第3ゲームまでもつれたとき、桃田の強さは圧倒的だ。

2019年のBWF*1（世界バドミントン連盟）ワールドツアー（WT）など国際大会個人戦は16大会に出場し（棄権を除く）、11の優勝を飾っているが、第3ゲームにもつれたのが22試合。勝利はそのうち19だから、勝率は実に8割6分を超える。しかも、1ゲーム先行された場合でも12勝3敗と、逆転率が驚異的だ。たとえファイナルゲームで大量リードを奪われても、そこから逆転できる強さもある。

*2奥原希望《のぞみ》は高校時代から、桃田について「本当に勝負強い」と称賛している。そんな土壇場での強さはいかに生まれるのか。まずは高校時代の桃田の言葉から紹介しよう。

2013 18歳 桃田賢斗

集中すると周りが見える

ふつう、集中したら周りの音が聞こえなくなるといいますが、自分は逆です。力むと視野が狭くなり、相手しか見えなかったのが、集中できているときは周りが見えるようになります。

2012年（高校3年時）、千葉で開かれた世界ジュニア選手権では、シングルスで優勝できましたが、決勝では、ファイナル17―19でリードされました。

ですがそのとき、チームのみんなが必死に応援してくれている姿が見えた。その言葉も聞こえて、すごくリラックスできました。

*1　2018年から開催されている国際大会のトーナメントシリーズ。6つのレベルに分かれ獲得賞金、世界ランキングポイントに違いがある（103ページ）
*2　桃田と同学年で、女子シングルスの第一人者。主な成績は2016年、21年全英オープン（OP）優勝、16年リオ五輪銅メダル、17年世界選手権優勝など

そういう試合が多いからか、周りから「勝負強い」と言われますが、じつは内心、いつも心臓バクバクなのです。

2021
26歳
桃田賢斗

体力に自信があるから焦らない

負けているときでも冷静に見えるともいわれますが、そこは、まったく意識していないです。冷静でいれば勝てる、というほど簡単に勝てる世界ではないので……。

ただ、今は、体力に自信があり、試合が長くなればなるほど自分の土俵になると考えているので、多少リードされていても焦らずにプレーはできていると思います。

2021
中西洋介

劣勢でも冷静に指示を聞ける

バドミントンの試合では、コーチがコートサイドに座り、ラリー中でなければ、声や身振りなどで選手にアドバイスできます。劣勢になると当然、コーチとしては何か手を講じたい。こちらを見てほしいわけです。冷静になれば、負けているときほどベンチを見るべきです。ただ……リードされてパニックになっている選手というのは、不思議とコーチ席を見てくれません。逆に、勝っているときにコーチ席を見る選手が8割です。

ところが桃田は、たとえば強い選手と対戦する場合、負けているときや余裕のないときに、ベンチの

苦しい場面でも情報を取り入れ、プレーを修正できるのが桃田の強みの一つ。右が中西コーチ、左が佐藤コーチ

ほうをよく見てきます。余裕のあるときはまったく見ませんから、ふつうと逆です。いつでも動揺せず、平常心を保てているのだと思います。このように、メンタル面に関しては総じて、ほかの選手に比べて安定しています。

本人は「緊張する」とは言いますが、こちらからは、とくにその傾向は見られません。選手はふつう、緊張すると、がむしゃらに攻める傾向があります。守備にはプレッシャーがかかりますから、先手先手で攻めたがるのです。でも桃田にはそれがなく、緊張していても、コントロール系のデリケートな球もきちんとコントロールしています。

2021 佐藤翔治

本番での修正能力が高い

選手というのは、負けているときほど視野が狭くなり、イライラするとコーチ席を見ない選手も多いものですが、桃田は試合中に自分で「違うな」と感じるときほど、コーチ席を見ます。

周りからの感覚や情報も、参考にする能力が高いからでしょう。ミスに対しての確認なら、2度同じミスをしないためにどうしたらいいのか。あるいは、相手に決められたときの対策はどうなのか。

たとえばスマッシュなどで決められて、その前の球が甘い場合に、「(もう少し)奥まで(飛ばせ)」とか「(相手が待っているから、その)コース外そうか」とか、私が感じた内容を、声や身振りで伝えたとします。

インターバルで、アドバイスをしたあとにも言えることですが、そうした戦略的、あるいは技術的な助言を受けて、すぐその場で修正できる能力が桃田は非常に高い。直前までしていなかったプレーを、本番で勇気を持ってやれるというのは、すごいところだと思います。

本人から「こうですか?」「どうすればいいですか?」と聞いてくることも、めずらしくはありません。助言を活かす能力が優れているからこその、問いかけなのかもしれません。

快 驰

02
ガマンすることが最大の勇気だ

世界トップの争いでは、だれが勝ってもおかしくない。技術、スピード、体力、メンタル……すべて高い水準でのしのぎ合いは、紙一重で決着がつく。そういう世界で桃田がキーワードに挙げるのは、ジュニア時代から今に至るまで変わらず〝ガマン〟ということだ。象徴的な言葉を紹介しよう。

2015
21歳
桃田賢斗

スマッシュは決まらないものと考える

本当にこれだけ海外で戦っていたら、結局はガマンしたほうが勝つ。ガマンに尽きます。自分にものすごい一撃があれば、多少簡単なミスをしても取り返せるかもしれないですが、やはりそうではないのです。たとえば、ジャンピングスマッシュがよく決まったとしても、それはたまたまスイートスポットに当たっていたから。実戦で少しでもプレッシャーがかかったり、速く動いたりすれば、それだけインパクトのスポットがずれることもあり、そうそうスマッシュも決まりません。ですからスマッシュは、決まると思って打ってはダメ。決まる、と思った一瞬のスキで、打ったあとの動きが止まったり、次の球への対応が遅くなったりしますから。

体力的にキツいときは、適当に打ちたいと思ってしまうのですが、決定的なチャンスが訪れるまで、苦しいけれどガマンする。自分が勝つためには、それが一番大切なことです。とくに２０１５年からはフィジカル強化に取り組み、以前よりガマンできるようになりました。

2021 佐藤翔治

ラリー力を磨き「決めたがり」から進化

これは体力とも密接に関係してきますが、社会人になった頃の桃田は、「決めたがり」の部分がありました。

当時はまだ、レシーブに自信がありません。もっとラリーをしようという意味で、「ちょっと上げたほうがいいよ」と言っても、高い球を上げて相手に強打されると捕れる自信がないので、怖い。逆に自分が攻めていれば、少なくとも相手に強打されることはないので、攻めたがるのです。

これは桃田だけではなく、ディフェンスに自信がないと一般的にそうなります。ですから当時は、ロブ[*1]を含めてレシーブ中心の練習メニューだったように記憶しています。

バドミントンでは、ラリーが長くなるほど、攻め続けるほうが絶対に不利。極端に言えば、レシーブ側はその場にとどまっても返せますが、攻撃では体をフルに使いますから、どうしても体力を消耗します。

そのため、攻め一辺倒よりもコートを広く使って相手と駆け引きするラリー力が必要で、桃田もレシーブに自信がついてからは、ガマンする勇気が持てていると思います。困ったときは相手に打たせてレシーブ、と落ち着いたラリーができるようになりました。

もちろん、ロブの正確さも大きな武器。ただ、奥まで飛ばせば、「いい」ロブというわけではありません。

「いい」ロブを言葉で説明するのはむずかしいですが、自分の予測する範囲へ相手に打たせるロブ、とでも言えばいいでしょうか。

いずれにしても、スマッシュをレシーブできるということは、その前のロブがよかったと考えていいでしょう。

*1 ネット前からアンダーハンドでコート奥に返すショット、ロビング

03

高い山に登ると、もっと高い山が見える

富岡高校（現ふたば未来学園）時代の2012年、日本人として初めて世界ジュニア選手権で優勝した桃田。当時設定していた目標は「オリンピックでメダルを獲ること」だが、その頃はまだスーパーシリーズ*1（SS）にさえ出場経験がなかった。NTT東*2日本に入社直前の頃には、こう語っている。

2013
18歳
桃田賢斗

オリンピックは遠い世界

世界ランキングを上げ、まずSSに出られるようになることが目標です。

ですが正直、世界がどれだけ強いのかもわからなければ、SSもオリンピックも遠い世界のように感じています。

当時は、わからなかった世界との距離。それでも日本代表として、年間ずっと海外で試合をするようになり、だんだんとその感覚をつかんでいく。15年にSSで初優勝すると大きな自信に。と同時に、まだまだ足りない部分を、桃田は自覚していた。

2015
21歳
桃田賢斗

確かに優勝はしたが本当の力はなかった

入社3年目の15年に、SSのシンガポールOPと、そのあとインドネシアOPでも優勝できたのが大きかった。1勝だけの選手と、2勝をあげる選手では全然違うと思うからです。1勝目はラッキーな部分があったとしても、まぐれでは2回は勝てません。

しかも同じ年、スーパーシリーズファイナルズ*3

*1　オリンピック、世界選手権に次ぐグレードに位置づけられる、バドミントンの主要国際トーナメントシリーズ。2018年からはBWFワールドツアーの名称に
*2　東京の名門実業団チーム
*3　その年の国際大会・スーパーシリーズでの獲得ポイント上位8位で優勝を争う。2018年からはBWFワールドツアーファイナルズ

（SSファイナルズ）も勝てた。過去、日本人がだれもできなかった優勝を年間に3回したのは、結構すごいことだったんじゃないかと自分でも思います。ただ、それは結果的に見ればのこと。大会によっては積極的に攻めるプレーができず、全然ダメなこともありました。本当の力があればそういう結果にはならず、コンスタントに勝てるはず。1年を通して戦い抜く力を持つこと、それが課題だと思います。

2021 佐藤翔治

ツアーを戦い抜くには自チームにいる間の調整がカギ

バドミントンの日本代表には、ほとんどオフシーズンがありません。たとえばコロナ禍以前、2019年の桃田なら、BWFワールドツアー（WT）を中心に年間19の国際大会に出場しています。WTならほぼ2週連続で、勝ち進めば勝ち進むほどスケジュールは苛酷になります。しかも多くの大会が長距離移動をともない、ビッグタイトル前には代表合宿も組まれます。桃田に限らず、日本代表が自室のベッドで寝られるのは、年間3分の1ほど。しかも会社員ですから、その間には、社の看板を背負って国内大会にも出場します。ですから桃田が「1年を通して戦い抜く」と言うのは、単に試合での体力だけにとどまりません。強くなればなるほど、いかにコンディションを維持するかが重要になるわけです。

WTを戦い抜くには、自チームにいる期間にどう調整するかがカギです。遠征時はスケジュールに縛られますが、自チームならある程度時間の自由がきく。コンディションをにらみ、監督やトレーナーと相談しながら、練習より休養や治療を優先することもできますし、ツアー中に不足しがちなトレーニングを補うことも可能です。桃田の性格ですから、疲労がたまっていてもいざコートに入ると、どうしても全力で飛ばしがちですから、それを抑えることも必要です。とはいえ、団体戦の全日本実業団といった大きなタイトルでは、負担をかけたくない一方、つい桃田に頼りたくなるのも人情ですが。

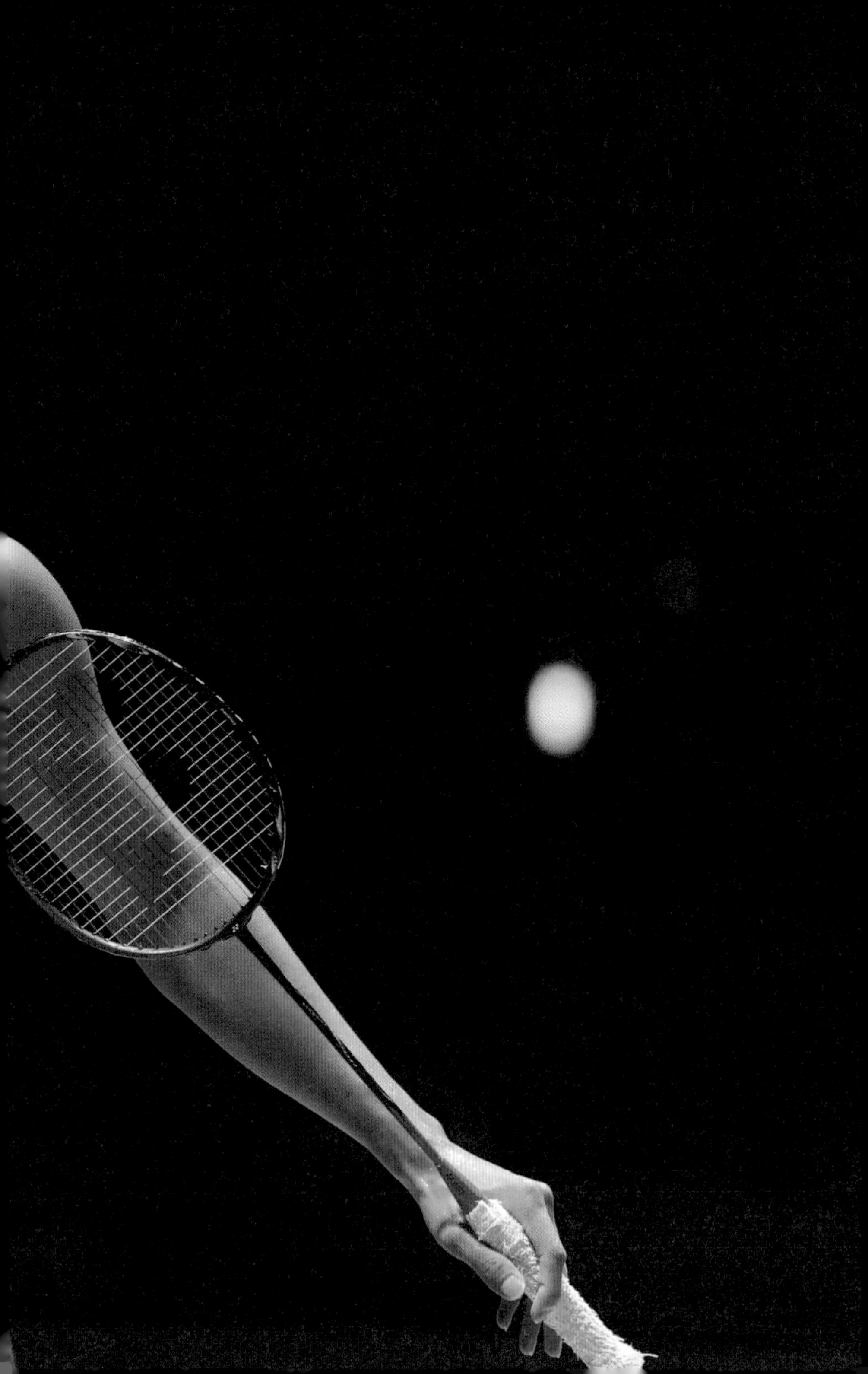

Rinnai
JTB
SPORTS
DAIHATSU

04

ライバルは自分のなかにいる

桃田と同学年の日本代表に、西本拳太[*1]がいる。中央大では全日本学生選手権を1年から制するなど3連覇。もし桃田と同学年ではなかったら中学、高校でもタイトルを獲っておかしくなかった実力者だ。
その西本とは、全日本総合選手権[*2]の決勝で2回対戦し、いずれも勝っている桃田だが、国際大会では敗れた経験もある。

2018
23歳
桃田賢斗

一人で頑張るのは限界がある

西本は一つひとつの球のクオリティーが高く、フィジカルも強いですし、すごく認めている存在。ですが、負けたくないという気持ちはあります。でも、一人で頑張るのも限界があるので、二人で日本を引っ張っていけたらいいなと思います。
リー・チョンウェイ[*3]選手と林丹[*4]選手みたいな異次元まで行く自信はないですが。あそこまでスター性があって、世界中が対戦を楽しみにしている選手というのはあまりいないでしょう。二人に人気があるのは、プレーだけが理由ではない気がします。

2019
24歳
桃田賢斗

向かってくる相手にも強いメンタルで

自分のランキングが上がってからは、相手全員が向かってくるようになり、やりづらさもあります。向かってくる相手に対して思い切れない部分がどこかにあって、強打したいときでも安全に、置きにいってしまうことがある。

＊1　2016年、全日本総合選手権男子シングルス優勝
＊2　その年度の日本一決定戦
＊3　元マレーシア代表。北京、ロンドン、リオデジャネイロと、五輪では3大会連続銀メダルで、2008年途中から12年6月途中まで長く世界ランキング1位を維持した
＊4　リン・ダン。元中国代表。08年北京、12年ロンドンとオリンピックを連覇し、「キング・オブ・バドミントン」とも呼ばれる存在

そうではなく、思い切ってラケットを振り抜けるような、メンタルの強さが必要だと思っています。

2021
佐藤翔治

自分という
ライバルに負けない

桃田は、ライバルとして特定の選手名を挙げることはあまりありません。

林丹とリー・チョンウェイの全盛期は、力が拮抗し、毎試合のように決勝で激突するライバルでしたが、たとえば2019年、桃田はいろいろな選手と決勝で対戦していました。アンソニー・シニスカ・ギンティン[*5]、周天成[*6]、石宇奇[*7]、ビクター・アクセルセン[*8]……。林丹とチョンウェイの、絵に描いたような構図ではないわけです。

とはいえ、ライバルの存在が自分を駆り立てる、前進させるエネルギーになるのは確か。私の場合は、高校から長く同チームに佐々木翔[*9]という同級生がいて、社会人になっても切磋琢磨してきました。今、桃田には、そうした存在がいません。だから、自分と戦っているのだと思います。練習で苦しくて手を抜き、妥協したら、自分というライバルに負けたことになる、と。

あのごまかさない練習姿勢はすごいと思います。チーム練習が午後からなら、午前中に走り、トレーニングし、チーム練習が終わればまたトレーニング。見ている若い選手が「ザ・ストイック」と言うほどで、「桃田さんがあれだけ練習するんだから……」と、若い選手にもいい影響を与えていると思います。

世界ナンバー1の桃田には、相手全員が向かってくる。試合で技を磨き合うインドネシアのアントニー・シニスカ・ギンティンとの一枚

*5　インドネシア代表。2019年、WTFは桃田に敗れて準優勝。WT（SS含む・以下同）では20年までに4勝している
*6　チョウ・ティエンチェン。パワー系の台湾エース。リオ五輪8強
*7　シー・ユーチー。中国代表。2018年のWTFでは決勝で桃田に勝つなど、WT5勝
*8　デンマーク代表。2016年リオ五輪銅メダル、17年世界選手権優勝のほかにWTでは11勝
*9　ロンドン五輪8強、リオ五輪にも出場。全日本総合優勝2回。現北都銀行監督

05

言葉の力を信じる

東京オリンピックイヤーの2020年。1月のマレーシアマスターズで、幸先よく優勝を飾った桃田だが、翌日空港への移動中に交通事故に巻き込まれた。

あご、唇、眉間に裂傷を負い、直後には「僕、またバドミントンができますか?」と周囲に聞くほどの深刻なアクシデント。帰国後には右眼窩底骨折《みぎがんかていこっせつ》も判明し、手術。五輪へのルートマップは書き直さざるをえなくなった。

2月末に練習復帰。もとのプレーができるかどうかいまだ不安が残る3月には、応援をしてくれるみなさんのためと、自らの申し出により記者会見を開いた。そこであえて語った言葉は――。

2020
25歳
桃田賢斗

金メダルを獲りにいく

起きてしまった事故を引きずっても、仕方がありません。

これだけ長い間バドミントンから離れたことはなかったので、むしろ今は羽根を打つのが楽しいですし、うまくなりたいという純粋な気持ちで取り組めています。

今まで、東京五輪は競技生活の延長線上にある一大会と思っていました。ですが、これだけあたたかく応援してもらっている今は、金メダルを狙っていきたいと思っています。

この時期に試合に出られない、実戦から離れてい

2020年3月、交通事故から復帰後の会見。多くの報道陣の前で、前向きな言葉を力強く語った

ることは正直、致命的かもしれません。以前のようにプレーできるかどうか、今もわからない状態ですから。

それでもそういうなかで、自分に期待してくれる方々がたくさんいて、サポートしてくださって、すごくありがたい言葉もかけてもらっています。

リハビリというのはすごく地味で、苦しいトレーニングが多い。体が回復して、もとのパフォーマンスに戻るまでには、ある程度時間がかかると思います。

ですがそこでネガティブにならず、周りの方のサポートに対する感謝、そして自分自身の初心を忘れずに、毎日の練習を精一杯頑張っていければと思っています。

ちょっと心が折れそうなとき、〝コートに立つ姿が見たい〟という言葉をたくさんいただくのが、もうひと踏ん張りする力になっています。

自分には、そういった方々に恩返ししたい気持ちがすごく強くあります。

コロナ禍など、ネガティブなニュースが多いなか、コートで表現することで、周りの人に勇気を与えられたらいいと考えています。

これまであまり具体的な目標を語ってきませんでしたが、自分に期待してくださる方たちのためにも、ここではあえて、金メダルを獲りにいくという言葉を使いました。

2021 中西洋介

弱気を強気に変換できる

本人の性格を知りたいとき、私はよくいろいろな質問をします。

そして、その答えが本音なのか建て前なのか、あるいは自分に言い聞かせているのか、そう思おうとしているのか、背景を考える。

桃田の場合は、日によってまったく正反対の答えが出てくることがあります。

たとえば「〇〇選手は強いか?」と聞くと、試合前なら不安な気持ちも多少あって、「負けそう……」。かと思うと勝って終われば、「それほどでもなかったですね」。別の試合前には、警戒している相手のスマッシュに対して「大したことない、絶対捕れますよ」。

純粋に相手を認めていながら、それを認めた時点で弱気になってしまうのではないかと、あえて口に出さないこともあります。すごいと思っているけれど、すごくないと思いたい。

人間は、だれでも弱いものだと思います。その弱さをいかにコントロールし、プラスにしていくか。その方法を持っているのが、優れたアスリートといえるでしょう。

桃田は言葉を発するなかで、無意識のうちに自分の心を整え、弱気を強気に変換することができていると感じています。

NTT
東日本
NTT East
7

06

ポジティブな言葉でポジティブに

2020年。予定されていた東京オリンピックは、新型コロナウイルス感染拡大の影響で、3月24日に1年の延期が発表された。過去に中止はあったが、オリンピックが延期されるのは史上初めてのことだった。当時の桃田は、1月の事故で負ったケガからのリハビリ途上。フルに動けるようになったのは6月で、その頃こんなふうに語っている。

2020
25歳
桃田賢斗

ビッグマウスはエネルギー

3月上旬の記者会見では、「オリンピックでは金メダルが目標」とあえて宣言しました。あの時点では4月末から試合が始まる予定でしたが、自分はいつ試合に復帰できるのかさえ不透明な状態でした。

それでも、いや、だからこそ、あえて目標を口にしたのです。事故が起こってしまったのは、仕方がありません。ですが、それを言い訳にしたくないですし、目標を口にすることで自分を駆り立てられればと思いました。

ビッグマウスといわれる人たちは、意図的に大きな発言をし、プレッシャーをかけ、やらなくてはいけない立場に自分を置いている気がします。

自分も金メダルが目標と口にすれば、〝そこまで言うんならやってみろ〟と周囲に見られるでしょう。仮に目標を達成できなかったとき、〝やっぱりな〟と見られたくなければ、やるしかありません。金メダルが目標、と口にしたのは、そういう意図もありました。

五輪の延期にはむろん、正直動揺した部分はありました。ただ、延期になっても金メダルが目標というオリンピックへの気持ちは変わりません。

周りの方たちから自分の体を心配してもらい、サポートしてもらい、たくさんの人に応援してもらっているので、日々を無駄にせず、恩返しすることが目標。勝負事ですから勝てるかどうかはわかりませんが、たくさんの方に見てもらえる機会なので、全力で金メダルを獲りにいきます。

そして仮に勝てなくても、あきらめない粘り、どんくさくても誠実なプレーを表現し、見てもらい、今後その夢に近づけたらいいと思います。

2021 中西洋介

言葉を大事にする

何を発信するか、どんな言葉を選ぶか、その大切さを桃田はわかっていると思います。たとえば事故の前、19年は、ギネス世界記録に認定されるほど勝ち続けながら[*1]、「オリンピックで金メダル」とは一言も言っていません。

私の解釈としては、勝って当たり前という周囲の空気のなか、自分でも「金」と口にすると、余計に負のプレッシャーになると考えていたのではないかと思います。

頂点に行くための大変さと苦しさを味わっているから、調子のいいときこそ「勝つ」とは言わない。多少でもプレッシャーを軽減するために、自分からは口にしない。

ですから、事故からの復帰会見のとき、「金メダルが目標」と口にしたのは驚きでした。それまでは、一つひとつの試合に対してベストを尽くす、というニュアンスの発言に終始していて、ターゲットをはっきりとは言ってこなかったからです。

ただ、あのときの桃田はゼロの状態どころか、間に合うかどうかも不安な時期。以前なら、優勝を重ねることで「獲らなければ」という心境にあったのが、今では「獲りたい」というメンタルに変わった。いわば金メダルが、ネガティブな目標から、ポジテ

*1 2019年に11の国際大会で優勝したことに対して、「バドミントン男子シングルス年間最多勝利数」として登録

イブな目標に変化したのでしょう。

強気な桃田と、慎重な桃田。自分の状況や心理によって、どちらの発言も真実で、それだけ、言葉を大事にしていると思います。

2021 佐藤翔治

言動への責任で日常もプレーも変わる

桃田はかつて、「お金を稼いで子どもたちにあこがれられる存在になりたい」という発言をしていました。

私個人的には、それは「あり」だと思います。ちょっとビッグマウスくらいのほうが自分の言動に責任を取りますし、その責任で日常も、プレーも変わってくる。

これまでのバドミントン界には、質問に対して「頑張ります」「感謝します」と優等生的に話すだけの選手が多く、私は大学時代、髪を染めただけで記事になったほどでした。

それだけお行儀がよかった世界のイメージを変えるためにも、「これだけのことができる」と世間にアピールするのは、悪いことではないのではないでしょうか。

07

「今、ここで」できることをする

明日の天気を気にしても、自分の力でどうこうできるものでもない。ならば、それを思いわずらうな。これが心を強くする、ひとつの考え方だという。オリンピックの延期も、一アスリートの力ではどうにも左右できないこと。それならば、現在やるべき最善のことをやるだけ。だからだろう、桃田は、事故後にオリンピックが延期されても、WTの再開が遅れても、プラスの側面に目を向けた。

2020
25歳
桃田賢斗

試合がないなら自分を見つめ直す

たとえば2019年なら、海外でも国内でも、1年間ずっと試合をしていたという、あわただしいイメージがあります。だから、2020年（の練習復帰後）はWTがいつ再開するかわからなくても、あらためて自分を見つめ直す貴重な時間でした。時間がふんだんにあるので、自分のプレーを明確に分析でき、課題も見えてきます。そしてそれを解決するための練習メニューを組み、ポジティブにバドミントンに取り組めました。

試合が続くと、少しくらい痛みがあってもだましだましプレーするしかないですが、試合がないときには、体のメンテナンスもしっかりできる。ですから体調は、プレーするのにまったく問題なく、気持ちの面も併せて、毎日100パーセントの状態で練習に取り組むことができました。

また日本代表は、年間の3分の2ほど所属チームを離れて活動するので、これだけ長い期間、チームのみんなと同じ場所で練習するのも、今まではなかったこと。すごく充実した毎日でした。

2021
佐藤翔治

動画を見て課題や対策を洗い出す

1月の交通事故からリハビリ。加えて新型コロナウイルスの感染が拡大した2020年。体は順調に回復しても、12月の全日本総合まで、桃田が試合に出ることはありませんでした。さしあたって目標とする試合がないと選手は、モチベーションの維持に苦しむのも無理のないところですが、桃田の場合はむしろ、その期間を前向きにとらえていたようです。

たとえば自分のプレー動画を徹底的に分析し、課題を洗い出す。第3ゲームになっても、動きの質を落とさないためのフィジカル強化、ディフェンスのさらなる洗練、スマッシュのスピード、ショットの質の向上……。試合がないなら、その間に自分を向上させるのが、「今、ここで」できることでした。

私がサポートする奥原希望が、久々の試合だった20年10月のデンマークOPを「かつてないほど完璧なコンディション」で優勝したように、試合がないからこそできた体のメンテナンスも意義がありました。桃田も、バドミントン選手共通の、着地するかかとの痛みに悩んでいましたが、この期間に改善したようです。さらには徹底した栄養指導も加え、体がますます研ぎ澄まされた。12月の全日本総合で桃田を見た人は、やせたという印象を持ったようですが、体重は変わっていません。筋肉量が増え、体脂肪が減った分、締まって見えたのでしょう。

試合がない期間、動画もよく見ていました。ことに林丹やリー・チョンウェイ。おそらく、同じサウスポーである、林丹のようなプレーをイメージしているのでしょう。またついでに言えば、事前に対戦相手の動画を見るとき、桃田はまずは相手の得意なエースショットを頭に入れていると思います。そこをしのいでラリーに持ち込めればなんとかなる、というのがプレースタイル。どう攻めるか、というのは実際の対戦中に感じているようです。

08

ミスしたときは、こう切り換える

プロゴルファーのタイガー・ウッズは、大事なパットを外したとき、10秒間だけ真剣に悔やむ。そのあとは、次のショットのために全神経を集中する。試合は続いているのだから、終わったミスを悔やむより、次のプレーにベストを尽くすほうが何倍も前向きなのは言うまでもない。桃田の考え方も、それに通じるところがある。

2020
26歳
桃田賢斗

客観視すれば そのときの自分が見えてくる

試合中、どうも自分の流れじゃない……というときは、たまに自分と会話するというか、自分を客観視するようにして切り換えることがあります。

たとえば自分は緊張しているな……というのを、外から観察するみたいな感じ。そうすると、どこがどう焦っているかが認識できるので、そこを少しずつ慣らしていくのが自分のスタイルかなと思います。もともと焦ったところで、自分のできることは変わりません。

2021
26歳
桃田賢斗

終わったことより 次のこと

ミスしたときに、〝もっと別のショット、別のコース、別の選択があったのでは……〟などとネガティブに考えるより、次のプレーに集中するのが大切。失点したとき〝うわぁ、1点取られた……〟と下を向き、ネガティブな感情になっては時間がもったいないだけです。

今、ここでできるのは、次のプレーにベストを尽くすこと。
ミスを次にどう生かすかは、試合が終わってから考えればいいことです。そこで得た反省が、次にプラスになることもあるのではないでしょうか。

2021 佐藤翔治

緊張は自信の裏返し

試合前に緊張するのは桃田も例外ではありません。ただ私は、その選手の緊張をほぐそうとはしません。もともと緊張はして当然ですし、緊張するのは逆に自信の裏返しだととらえます。
たとえば、格上の相手と対戦するなら失うものはなく、向かっていくだけで、緊張などしないでしょう？　無理して選手の緊張をほぐそうとしても、むしろわざとらしく、うまくいかないこともある。コーチとしては、緊張を含めてプレーしてもらえれば、という考えです。

TOTAL
QUARTZ

写真／北川外志廣

09 好きなこと、だから熱くなる

ことバドミントンに関しては熱い男……桃田について周囲はそう口をそろえる。自身が真摯に取り組むからこそ、練習で集中しない若手にはきつく注意するし、考え方の違いで議論が白熱することもある。

2021
26歳
桃田賢斗

スイッチは自然に入る

コートの内と外では、意識してスイッチを入れたり切ったりしているわけではなく、自然とオンとオフを切り換えています。

自分は、本当に強くなりたい、バドミントンを突き詰めたいと思っている。コートに入ったはいいけれど、なかなかエンジンがかからず、ぐだぐだ練習するなどというのは時間のムダだと思います。

たとえば、チームの練習時間が3時間だとします。同じ時間でも、どれだけ意図を持ち、効率を考え、集中して練習するかで、すごく差がついてくるでしょう。

一球一球、本当に試合の局面を想定した負荷を自分にかけるのと、ほとんど自動的、義務的に動くのとでは、大きく違います。

この練習はこういうテーマを持って、と考えながら動くというのは、謹慎以前から変わらないことです。

あの頃の私生活はともかく、バドミントンにはずっと真面目でしたから。

2021
中西洋介

試合の再現力が高い練習をする

桃田は、練習をつねに実戦の勝負に置き換え、実際の試合と変わらない感覚でやっています。

たとえば投げられた球をヘアピン[*1]するとして、たいていの人はほとんど動かず、高い打点で打ちます。それでは、実際の試合での状況とは違った練習になります。

でも桃田の場合は、しっかりホームポジション（コートのセンター付近）から走り込み、試合と同じリアルな打点で打つのです。練習では理想的な高い打点で打てたとしても、実戦では相手はそうさせないようにするわけですから、動かずに高い打点でヘアピン……なんてぜいたくな局面は、ほとんどありません。

試合ではあまりない局面での練習は、それほど効果がありません。桃田はそうではなく、打点が下がった苦しい局面になったらこうしようと、リアルに再現する。試合と同じ状況で練習する再現力が高いのです。

これは、ほかの選手にない素晴らしさです。

たとえば、相手の返球が6方向に想定されるとします。そのうち2カ所に限定したノックだとしても、桃田はほかの4カ所にもくるという前提で、きちんと6方向に動けるように構える。

それを続けるとしんどいし、息も上がってくるので自動的、効率的に2カ所だけを動くようになってしまう選手が多いなかで、同じセット数をこなしても、桃田はほかの人より120パーセントの効果率があると思います。

2021
佐藤翔治

24時間、すべてがバドミントンにつながっている

後輩の面倒見がよく、バドミントンを熱く語る姿をよく見ます。遠征で食事に行っても、会話の内容はほとんどがバドミントン。24時間、自然にすべてがバドミントンにつながっているようです。

＊1　自陣のネット近くから、相手サイドのネット近くに落とすショット。髪を止めるヘアピンのような軌道を描く

と同時に、メリハリもある。練習に入ってからの、試合を想定して足を運ぶ妥協しない姿と、練習後のリラックスした表情には違いがあります。

「オンとオフの切り替えがすごい」と、ともにチームの指導にあたる、川前[*2]（直樹）コーチも話しています。

*2　佐藤翔治と組んで、ロンドン五輪出場。現在はNTT東日本のダブルスコーチ

2020年1月1日、全日本合宿にて。中西コーチのノックを受ける

JTB SPORTS

technique 二章 技

10
バドミントンに、正解はない

ジュニア時代から、変幻自在なネットプレーと、トリッキーなフェイントで他を寄せつけなかった桃田。だが世界トップとの対戦が増えていくにつれ、秀でたスキルだけでは通用しなくなる。プレーも考え方も進化しなければ、とうてい世界ランキング1位まではたどり着けない。ここからは、プレースタイルの変遷を見ていこう。社会人になったばかり、10代の桃田は、こう考えていた。

2014
19歳
桃田賢斗

必ずしもセオリー通りではなく冒険したショットも打つ

得意なのはネットプレー。ただ、遊びながらいろいろ試していたくらいで、特別な練習をしなくても、自然と得意になっていました。自信があるので、たとえば前のラリーでヘアピンをプッシュされたら、次のラリーでもう1回打って、今度は決めてやろうと思う。とにかく負けず嫌いなんです。

また、18オールなどという大事な場面でも、けっこう冒険したショットを打ったりするほうです。

バドミントンって、正解はない。しっかりセオリー通りに打ってもやられてしまったら、それはそれで仕方ない、と思うのもひとつの考え方でしょう。ですが、セオリーにはないフェイントをかけ、相手の打球が少しでもアウトになれば1点です。教科書通りが正解なのか、結果的に1点取ったほうが正解なのか……。

また国内の対戦で、自分をよく知っている相手には通じない球だとしても、その球を全然意識していない海外の選手には有効かもしれません。林丹選手とかリー・チョンウェイ選手というレベルになれば、小手先ではなく本当にしっかり打たないと一瞬でやられてしまうと思いますが、自分はまだそこまで強くない。今は必ずしもセオリー通りではなく、ちょっと冒険しています。

2021 中西洋介

高校時代もプレーは大人だった

桃田が高校1年の頃、久々にそのプレーを見て「うまい」と感じました。バドミントンのことをよく知っているんだろうな、という感じ。ただ、がむしゃらに動いて声を出していくのを高校生の特権とすると、高校生らしくはなかったです。

そのときは日本ユニシス[*1]の選手と試合をしたのですが、ふつうの高校生が社会人と対戦すると勝手に焦り、バタバタとしてミスから自滅するものです。

ところが桃田の場合、自分に自信を持ち、静かにクレバーにプレーするので、逆に社会人がおたおたする感じでした。

中高一貫校に通っていましたから、中学時代から高校生と練習する機会があり、「体力ではかなわないなら、スキルで勝つしかない」と考えたのだとか。当時からスタミナ温存のためか、フットワークなどの効率がよく、プレーが大人のようで、若さよりもベテランの雰囲気でした。自分が動くより、相手にミスをさせるという、対人競技の勝ち方を知っていたのでしょう。

ネット前でのプレーが勝利のカギを握るのは今に至るまで変わらない

*1　東京の強豪実業団チーム

11

「一か八か」は、ときとしてゼロになる

20歳前までは怖いもの知らず、冒険的なショットも好んだ桃田だが、年間通じて国際大会を回ると、壁を感じるようになる。超一流との勝負では派手な技術よりも球の質、コースの精度というバドミントンの本質がモノをいうのだ。

２０１８年に世界ランク1位になるまでの桃田は、壁に直面してはそれを越え、また新たな壁に挑むという過程を繰り返して強くなった。20歳から22歳までの言葉を紹介する。

2015
20歳
桃田賢斗

感じ、保存して次に臨む

林丹選手や諶龍[*1]選手には、今のままでは絶対に勝てません。ショットの精度が一つひとつ高くて、全部ぎりぎりに飛んでくる。

これまで、自分の思うようなラリーに持ち込めたこともありましたが、競ったとしてもラリーが長くなったらスタミナでやられます。

ただ、ずっと試合に出させてもらっているので、多少は冷静に試合ができるようになってきているかなと思います。

ここはダメ、このショットは使える……というのを少しずつ感じ、保存して次の試合に臨むので、ラリーは長くなっています。

以前はスタミナに自信がなく、長いラリーにしたくないため無理して決めにいっていましたが、最近は打ちたい場面でもガマンしてつないでいるといった感じです。

＊1　チェン・ロン。元中国代表。ロンドン五輪銅、リオ五輪金メダリスト。世界選手権も、2014〜15年と連覇した

2015
21歳
桃田賢斗

フィジカル面をアップ

ＳＳで３回優勝した15年、ネット前からのショットなど、テクニックはもともと相手より上回っていたと感じています。また15年の１年間は、フィジカル面を課題として取り組み、相手がキツくてミスしてしまうくらい粘れることもあったので、今までやってきた方向性は間違っていなかったと思います。こういう経験を踏まえ、一つひとつの技や動きのクオリティーを上げていきたい。

まずはリオ五輪で本気で勝負をし、そこで見つかった課題や反省点が次の東京につながるはずです。

2017
22歳
桃田賢斗

創造性も大事だけれど

バドミントンは、創造性も大事だと思います。見ている人が〝ああいうショットを打ちたい〟と思うような……。練習中、たとえばリー・チョンウェイ選手のバックハンドのクロスネットなどの動画を見て、やってみることもあります。楽しいし、できるようになるとおもしろい。そして、実戦で試してみる。練習よりも相手の反応がわかりやすいから収穫があるし、課題も見つかります。

ただ、そういう創造的なショットにはリスクもある。さすがに〝ここで１点取られたらマズイ〟という局面では試せませんし、今は見るほうの楽しさより、真剣に１点を取りにいきます。

2021
中西洋介

攻めるか守るか判断力に長けている

バドミントンの得点は、エースを決めるか決められるか、ミスをするかさせるかの４パターンがありますが、桃田はそのうち自分のミスが極端に少ない。

たとえば６対10など、負けているときほど選手はすぐに点をほしがります。相手サービスを強引にプッシュしたのが往々にしてミスになり６対11、だからさらに焦って悪循環……というのはよくあるパターン。負けているときほど、ハイリスクハイリターンを狙いがちなのです。それではエースも取れるかわりにミスの確率も上がり、差し引きして点差はなかなか縮まりません。

ですが桃田は逆に、6対10でも一球一球丁寧に入れていこう、というスタイル。負けているときには、相手に強打されたくない心理から、ラリーをするより攻めたくなるものですが、桃田はロブの精度、そしてレシーブに自信があるので、劣勢でもリスクを冒して攻めることはないのです。

そうすれば、少なくともミスによる失点はない。自分のミスがなければ、4つの得点パターンのうち残りは+、+、−ですから、それが同じ割合で発生するとしたら、トータルでプラスになる、つまり点差を詰められる計算です。

コートサイドで「ここで攻めてほしい」「ここはガマン」と見ていると、ほぼその通りにプレーしてくれるのは、試合の流れを読む判断力、洞察力が、過去のどの選手よりも優れているから。勝負どころでギアを上げて逆転する、その見きわめ能力はすごいです。

2021 佐藤翔治

レシーブの良し悪しが調子のバロメーター

桃田がひとつのキーワードとする〝ガマン〟は、中西コーチのいうロブの精度が支えていますが、逆にロブの調子が悪いと、ガマンしづらいものです。

たとえば相手のエースショットに対応しきれていないとき。ロブというのはコート前方で打つショットですから、打ったら素早くホームポジションに戻るのが基本。ですが、厳しいショットに備えて早く戻ろうという無意識が働くと、ロブが手打ちになり、質が落ちます。その分、ますます相手の球の質は上がり、ラリーが続かなくなるというパターンです。

ロブの調子さえよければ、相手強打の威力を減殺でき、レシーブも調子がよくなる。レシーブの良し悪しが調子のバロメーターと言えるでしょう。

2015年世界選手権。フィジカル面を磨きつつあり、
「ガマン」を覚えてきた20歳の頃

12 変化を恐れない。変化は進化だ

２０１６年４月。世界ランキングは2位まで上昇し、リオ五輪でのメダルが期待されていた桃田だが、違法賭博による無期限出場停止処分を受けた。処分が解け、復帰したのは２０１７年5月。日本ランキングサーキットで優勝。国際大会にも低いカテゴリーから参戦すると、カナダＯＰでは常山幹太[*1]に決勝で敗れたが、それ以後の５大会で優勝した。18年、日本A代表に復帰し、世界への階段を一から登り始める。

2018
23歳
桃田賢斗

過去の自分は捨てる

復帰したときには、世界がどれだけのレベルなのかがわかりませんでした。動画サイトなどで試合を見てはいましたが、実際にコートに立ってみないと感じられないこともあります。自分に言い聞かせていたのは、過去の世界ランキング２位という感覚は捨てること。ＳＳファイナルズ優勝も過去のことで意味がなく、一から出直しでした。ゼロからスタートというイメージです。

2019
24歳
桃田賢斗

今のままではいつか勝てなくなる

復帰して感じたのはスピードが、世界のバドミントンのキーワードになっているということです。どんどん速くなってきていると感じます。

とくにギンティンや石宇奇が速いし、たとえばアクセルセンなどもスピードが上がっているのを感じ

＊1　日本代表。2018年タイＯＰ、19年韓国マスターズと、ＷＴ２勝

ます。逆に諶龍のような、動き自体がスローな選手は、最近勝っているイメージがありません。もちろんスピード以前に、〝崩れない、やられない〟というのが前提にあり、それが一定のレベルにないとまず戦えませんが……。

　このところの自分は、相手のタイミングを外し、決められないように配球しながら長い試合に持っていく、というのが得意な展開です。悪いときは、長いラリーに持っていこうとする途中で決められてしまう。それが一番よくないパターンです。

　もちろん、長い試合は苦しいのですが、それが自分のペース、自分の流れであれば、苦しいと思わなくなる。

　2018年の世界選手権は、ディフェンス主体のそういうプレーで優勝できました。ただそれ以降、相手に対策され、守っているだけでは勝てないと感じ、アグレッシブに攻めることをテーマにしました。もっとスピードを上げ、高い位置で早く打てれば、相手のミスも自分のチャンスも増える。

　19年の世界選手権では、〝より速く、より前で〟というプレーができた分、ディフェンスでも相手にプレッシャーを与えられたと思います。

　ただ、今のままではまた、勝てなくなるときが必ずきます。また海外では、出だしからトップスピードの相手に先手を許すとキツくなりますから、すべてをさらにレベルアップしていきたいです。

2021
中西洋介

土台にあるのはロビングのよさ

　桃田本人は「復帰当初は、レシーブにまだ自信がなかった」と言っていますが、レシーブというのは単体のスキルではなく、その前のプロセスから導かれる結果です。

　たとえば、ロビングの質、深さ……さらに、自身のフットワークも関連するので、試合から遠ざかっていた桃田には、そこを意識させる練習はしました。試合感覚が戻ってくれば、もともとレシーブのスキルは一流です。腕、手をリラックスさせて球を吸収するのがうまく、上半身だけでも柔軟にレシーブができます。18年頃には本人も「レシーブで勝つ」と口にし、メディアの方もディフェンスがすごいと評価するようになりました。

その土台にあるのは、繰り返しますがロビングのよさです。単に深さや高さ、スピードだけではなく、仮に浅くても相手の選択肢を限定できるコースだったり、こちらの早い動きだしだったり……。ほかの選手とは、ロビングのバリエーションも選択もまったく違います。

2021 佐藤翔治

小さな大会を転戦し　プレーの幅を広げた

復帰した2017年には、低いグレードの小さい大会から海外を回り、私も帯同しました。グレードが低いので、かつてプレーしていたステージとはまた違った、さまざまな選手がいます。たとえば高身長でスマッシュだけ速いとか、とんでもなく粘り強いとか……。しかも過去のデータはまるでない。さらに、今世界ランク上位にいる若手もいて、決して楽な試合ばかりではありません。

そんななかでも桃田は、とにかく勝たなくてはいけない。ランキングを上げるためにはもちろん、なにしろかつての世界2位と実績はダントツですから、負けられません。自然にリスクを避け、ミスを避けるプレーが身についた。ガマンしての勝ち方を覚えた時期でしょう。プレースタイルが変わったというより、それまでにプラスアルファし、幅が広がり引き出しが増えたといえます。

また、型にはまらない、いろいろな選手と対戦したことで、試合の流れを見る目もかなり鍛えられたと思います。

プレーの幅を広げるという意味では、今思うと復帰からA代表入りまでの時期は貴重でした。

「ガマン」に加えて「より速く、より前で」をテーマに、2019年世界選手権で2連覇

13
能力のパワーゲージを正六角形に

中西洋介コーチによると、バドミントン選手の資質を体力、スピード、メンタル……などとたとえば6項目で分類したとき、桃田の場合、6項目の総合点が非常に高いという。それぞれをさらに向上させることもテーマ。数値を図形で示したとき、6項目で正六角形を描くのが究極の理想だ。絶好調だった2019年も、事故後の2020年も、それを目指していることに変わりはない。

2019
24歳
桃田賢斗

ネット前からの打ち分けで相手の攻撃力を限定する

対戦相手は当然こちらを研究してきますが、そこで自分の支えになるのはロビングの高さ、長さ、深さといった精度や、ネット前からの打ち分けになるでしょう。その組み立てで相手の攻撃力を限定するのが自分の持ち味です。

ただ、打点が低くなると精度が落ち、相手に決められるパターンが多い。それを減らすにはベースとなるスピードを上げ、少しでも上でシャトルを処理して相手にプレッシャーを与えることです。

また、ロブの質はレシーブ力の向上にもつながります。ディフェンスが安定すればプレーの波も少なくなり、そこは試合のなかで、しっかり活かせている部分。ロブ、そしてレシーブの安定を土台にして、試合をつくっていくわけです。

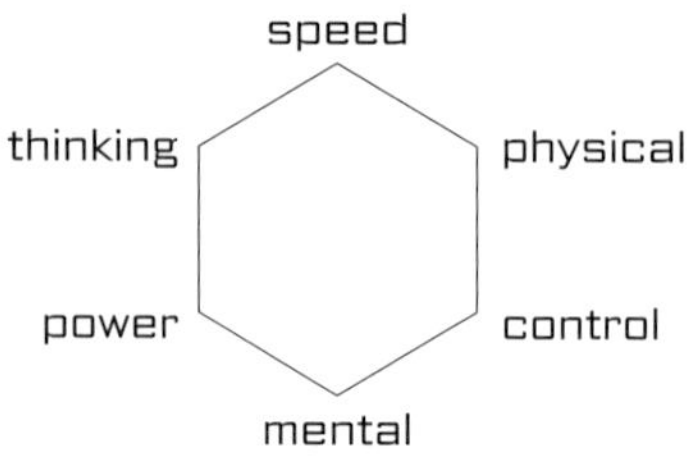

2020
25歳
桃田賢斗

とくに攻撃力を磨いていきたい

試合が続くと弱点に取り組む時間を確保しづらいのですが、事故からのリハビリ、コロナ禍で長く試合がない分、課題克服に念入りに取り組むことができました。そのための練習メニューを組み、短所を消せるようにしてきたつもりです。頭のなかにある世界トップレベルの選手をイメージしながらパワー、スタミナ、スピード……をさらに高めたい、と。

世界ランキング1位として追われる立場ですが、正直自分は、今のプレーに満足していません。これまでのプレーを見つめ直すと課題も明らかで、とくに攻撃力、そこはもっと磨いていきたいです。

2021
中西洋介

すべての項目で10点満点が理想

スピード、体力、コントロール、精神面の強さ、パワー、判断力。バドミントンに必要な要素は主にこの6項目に分類できます。林丹やリー・チョンウェイは、すべての項目で10点中9点だとして、桃田はまだ9点に達していない項目があるよね、パワー、スピードを伸ばしたいね……と、本人と話したことがあります。

持久力は10でも、パワーが7点だったら、六角形はいびつになる。もしきれいな六角形にすることができれば、連戦で体力が3に落ちていても、ほかの5項目をトータルして相手を上回る確率が高いのではないか。

林丹やチョンウェイは、ひとつの項目だけがずば抜けているのではなく、すべての項目がハイレベルだからあれだけ長くトップで活躍できたのだと考え、きれいな六角形を目指しているところです。

もちろん、かたちだけきれいでも、低い水準の正六角形なら平均点の選手ですから、すべてが10点の六角形が理想です。

桃田が今、スマッシュや攻撃的なプレーを課題にしているのは、そういう考え方からです。

14
紙一枚はわずかでも積み重ねれば分厚い書物になる

バドミントンのシャトルは、わずか5グラム程度。とくに空調をしているときなど、その飛び方は体育館の空気の流れに左右される。いつもの力加減で打ったつもりが、アウトになる、あるいは押し戻される。ときには、同じミスを2回、3回続けるシーンもあり、その制御をどれだけ取り戻すかが主導権を左右する。

2021
26歳
桃田賢斗

20年も羽根を打っていれば、できます

たとえば試合中、ある選手のロブが3本バックアウトする場合。自分はもともとコントロールには自信がありますが、厳しいことを言うと、どうして3回も同じミスをするの？　と考えます。自分はバドミントンを7歳から始めて、26歳までずっと続けてきました。いったい、何万本のロブを打ってきたのか……。

ですから、たとえば体育館に風があろうが、シャトルの飛びがよかろうが悪かろうが、微調整なんて絶対できると思うのです。

もちろん試合本番では緊張やプレッシャーがあり、いつもの感覚と多少ぶれるのはわかります。ただ、単なるイージーミスを2、3本続ける理由がわかりません。

積極的に攻めた結果のミスならまだしも、なんとなく、ぼんやりとミスする選手を、確かにときどき見かけます。そういう人はたぶん、日常的に実のない練習をしているのでしょう。シャトルの感覚、重

さ、スピード、自分の球への入り方、相手のポジショニング、体勢……一球一球集中し、つきつめて練習していれば、試合になっても変なミスは続けないと思います。

もちろん、練習からそれだけ集中していると疲れはします。ですが、リアルな試合というのはもともと疲れるものですし、その試合のために練習しているわけでしょう。疲れるのは当然です。練習をぼんやりと流す人は、もっとリアルな練習をしたほうがいいと思います。

2021 佐藤翔治

「一球一球丁寧に」コントロールしている

桃田は、練習の一球一球からしっかり意図を持ち、考えてやっています。

私が指導している奥原は、桃田から「もっと一球一球丁寧に」とアドバイスを受けたことがあるそうです。

私が考えるに、選手というのは本能的に、早くシャトルにタッチしたがる。ですが、速く動いて速く打つと、はじいてしまうというか、速く振ってしまいがち。自分の移動のスピードがストロークに加算され、自分のタイミングとずれて、ショットそのものはゆるくなりがちなのです。

ですから、「早くタッチするよりも、打つ瞬間は自分のストローク、自分のフォームでやったほうがいい」というのが、桃田が「丁寧に」と指摘した意味だと思います。

奥原も、理解したようでした。

確かに桃田は、速く動いたとしてもちゃんとシャトルを見て、一球一球しっかりコントロールしています。

リオ五輪の銅メダリストも納得するような助言をするのは、さすがです。

15 レジェンドを追いかける

桃田が、日本男子史上で初めての世界ランキング1位に上り詰めるのは、2018年のことだ。世界選手権などで優勝し、地元・日本で9月に開催されたダイハツ・ヨネックスジャパンオープン（DYJO）も初制覇。

このとき、リスペクトしていた林丹を準々決勝で破っている。

2018
24歳
桃田賢斗

あこがれの気持ちを捨てて林丹に挑んだ

世界選手権で優勝できましたが、地元開催のDYJOで優勝したいという気持ちも強かったです。

対戦した林丹選手は、僕が競技を始めたときすでにトップ選手で、その頃からリスペクトの気持ちがありました。コートカバー力、フットワークの速さなど勉強になり、今も映像でよく見ます。とくに北京五輪のときはびっくりするほど速くて、すごいなと圧倒されるほどです。でも18年のDYJOでは、林丹選手にあこがれの気持ちを捨てて挑みました。

復帰当初の17年、海外遠征に出たときは緊張感というか、まずは自分のことだけ、という感じでした。でも今は、周りの選手からの刺激があるし、日本代表みんなが高い意識で試合に取り組んでいるのがわかる。自分も責任を持って戦えています。

ランキングは気にせず1試合1試合、自分ができることをやってきた積み重ねで、いつの間にか世界ランキング1位になっていました[*1]。これからもあまり意識しすぎず、1試合ずつ感謝の気持ちを持って

＊1　DYJO後の中国OPで準優勝を飾り、直後の9月27日付ランキングで1位に

取り組んでいきたい。

1位といっても、過去長い間ランキング1位だったリー・チョンウェイ選手のような〝圧倒的〟という感じは、今の自分にはまったくないと思います。少しでも追いつけるようにしたいです。一度1位になることよりも、継続することのほうが大変だと思うので、少しでも長く継続できるように、よりいっそう頑張りたいです。

2019
24歳
桃田賢斗

揺るがない自信を得たい

チョンウェイ選手や林丹選手のように、レジェンドと言われる選手たちは、向かってくる相手に対してシンプルに、実力で勝ちます。

ふつうにプレーしていれば、相手が崩れてくれるのです。

自分も、そうしたところに到達しなければいけません。自分のプレーに対する揺るがない自信が必要です。

2020
25歳
桃田賢斗

だれからも応援される選手になる それが最終目標

林丹選手とチョンウェイ選手に人気があり、レジェンドといわれるのは、強さや結果のほかに、何か引きつけるもの……立ち居振る舞いや発言などが、見ている人の心に訴えるのでしょう。そういう部分も含めて応援される選手になれたとき、必然的に自分も強くなっていると思います。

ですから林丹選手に、チョンウェイ選手になりたいというより、だれからも応援される選手、というのが自分の最大の、また最終の目標です。

2021
26歳
桃田賢斗

レジェンドのプレーを見て もっと上手になりたい

もちろん、二人をライバル視は一切していません。たとえば林丹選手の全盛期と同時期に、同年齢でプレーしていたらどうだったか、と質問されることがあります。ですが、それを言い出したらキリがないと思います。

自分では生まれる時代を選べないし、もし同時期に生まれたとしても、自分はバドミントンをやっていたかどうか……。

野球を続けていたら、野球選手になっていたかもしれないですし。

ただとくに、同じサウスポーでもある林丹選手は、自分に足りない部分をいっぱい持っています。

自分は、どの大会でどういう結果を残したい、というよりも、バドミントン選手としてもっと上手になりたい、強くなりたい。

だから足りない部分を林丹選手、リー・チョンウェイ選手の動画などから学んでいるのです。そういう気持ちは、コロナ禍で試合がない時期でも腐らずに練習するモチベーションでした。

2021 中西洋介

北京五輪の林丹を追う

2018年の桃田は、マレーシアOPの決勝でリー・チョンウェイに負けましたが、インドネシアOPの準決勝で雪辱しています。これがチョンウェイの最後の試合になったはず。

林丹とは、15年の全英で対戦して敗れましたが、18年のDYJOで初勝利。そこから4連勝ですが、林丹は「彼のプレーはオールラウンダーに近い」と語っています。

15年の段階では、桃田が攻める場面が多かったように思いますが、裏返せば当時はディフェンスや、体力に自信がなかったからでしょう。

桃田自身、林丹を手本にしているところがあります。

たとえば2008年の北京五輪で優勝したときの林丹はスピード、パワーとも圧倒的でしたから、そこを追いかけようとしているのです。体を鍛えて、その力強さに少しでも近づきたいと、動画などもよく見ています。北京五輪の林丹は、自国開催というプレッシャーのなか、どう戦っているのか。東京五輪での自分と重ねているところもあるかと思います。

林丹の映像から、とくに足運びなどを学ぶという桃田。そのほかまんべんなくトップ選手の映像を見て、プレーの参考にしていると話す

フットワークの練習時や、ノックを受けながら、林丹の画像と戦っているのかもしれません。

桃田は「そんなことは考えない」と言いますが、全盛期の林丹とのガチンコ勝負を見てみたいです。

僕の目からは、林丹は非常にフィジカルが強くて動けますが、うまさや戦術では桃田でしょうか。

2021
佐藤翔治

ラリー力で勝機あり

以前、海外に帯同したときなどは、一緒によくバドミントンの動画を見ました。やはり林丹、チョンウェイの試合が多かったですが、男子ダブルスなども見て、プレーについての話をしました。

もし今の桃田が全盛期の両選手と試合をしたら、とくに林丹には、攻撃に持っていくのがなかなかむずかしいでしょう。

とはいえ、しっかりラリーしてガマンができる、相手のミスを誘うラリー力に長けた桃田なので、おもしろい戦いになると思います。勝機あり、です。

2018年ダイハツ・ヨネックスジャパンオープンで、尊敬する林丹を下した

DAIHATSU YONEX JAPAN OPEN 2018
YONEX
BWF

16

自分のストロングポイントを知る

桃田と対戦した選手は、「まるで詰め将棋みたいに、一球一球、相手の思ったところに打たされる」と口にすることが多い。そういう精密な組み立てで、アドバンテージを積み重ねるのが桃田のスタイルだ。ジュニア時代は「1手、2手先を考えるより、がむしゃらに点を取りに」いったが、プレーが成熟するにつれて、自分の強みを自覚していった。

2020
26歳
桃田賢斗

世界1位のプライドがある

自分のプレースタイルは、相手をうまく利用して、相手の力をパワーに変えるスタイル。たとえば相手のウイニングショットをあえて引き出し、それを返してから自分の得意パターンに持っていく戦い方でした。

でも、事故後、久々の実戦となった2020年の全日本総合では、相手を利用するより自分の打ちたいショットを打ってしまうことが多かった。（常山幹太との決勝でも）ショットの精度に自信がないので、ギリギリを狙えず、相手に強打されないところに運ぶ安全な展開が多かったです。試合カンが戻っていないのか、ウイニングショットを打たれないように、大事に大事にプレーしている。

〝世界ランキング1位の桃田〟と言われると、どうしても〝負けてはいけない〟という気持ちになってしまいます。だからスピードを上げられなかったり、自分の思うような展開にならなかったりするのかなと思います。

自分はコツコツ積み上げてきたものをコートで出していくスタイル。試合を重ね、ある程度結果を残しながら、ちょっとずつ自信がついていく……。経験や力を少しずつ積み上げた結果が、1位という形になったわけです。

20年の全日本総合は、そういうプロセスがなく、久しぶりの試合だったので、一球一球がすごく不安で、プレーしていても王者らしい〝風格〟というものを、一度も感じられませんでした。負けたくない気持ち、世界1位のプライドで踏ん張れる部分もありますが、当然プレッシャーもあって……。ただ、この総合で優勝できたので、次からは堂々とプレーできるかなと思います。

2021 中西洋介

詰め将棋を支える ロビングと感覚

「ここに打ったら次はここに来て、こっちに打ったら相手はここ」と、桃田は待ち構えています。まさに詰め将棋のように。後ろに大きくロブを上げますが、相手が強打してきても、待ち構えていてレシーブから主導権を握る。ロブの深さ、高さ……が絶妙で、相手に100パーセントの強打をさせないので、楽に返せるわけです。あれほど質の高いロビングは、なかなか打てるものではないと思います。

ただ本人は、詰め将棋というほど理詰めでは考えてはいないのではないでしょうか。「こうきたらこうじゃん」という感覚でやっていることなので、言葉では説明しづらい。言葉ではなく空気。

たとえば、将棋の藤井聡太さんが仮に30手先を5秒で読んだとしても、素人にはなかなか説明しにくいでしょう。それに近いかもしれません。

2021 佐藤翔治

スマッシュが 変わった

久々の実戦だった2020年の全日本総合を見ていると、桃田のスマッシュが変わったのがわかりました。物理的に速くなりましたし、仮にフルで打たなくても、球質、キレがよくなった印象があります。

事故から復帰する過程でのトレーニングで、体幹の強さと柔軟性がアップしたおかげでしょう。

また、小さなテイクバックからのスマッシュも身につけつつあります。ジャンプして100パーセントのスマッシュを打つより、100ではなくてもワンテンポ早く打つほうが実戦では決まりやすいもので、テイクバックが小さければワンテンポ早く打てますね。さらにテイクバックが小さい分、相手はタイミングが取りにくいし、コースも読みにくい。

単なる手打ちでは威力のない打球になってしまうので、一口にコンパクトと言っても難易度は高いものですが、桃田は体をうまく使っています。実戦で、もっと使えるようになれば、課題である攻撃力、決定力のアップにつながるはずです。

2020年全日本総合では、球質、キレのよいスマッシュを見せ、フィジカルトレーニングの効果を感じさせた

第三章 体 body

17

苦手だからこそ、伸ばしていく

かつての桃田は、走ることや筋力トレーニングが好きではなかった。

「体力があればコート内のスピードがあるかといったらそうじゃないし、筋力があればスマッシュが決まるかといったらそうじゃないと思います」

という高校時代の談話は、トレーニング嫌いの裏返しにも聞こえる。

ただ、スキルだけでも勝てたジュニア時代に比べ、海外の舞台は甘くない。水準以上の筋力、持久力が必要だ。

桃田の意識が変わり始める。たとえばＳＳで初優勝した２０１５年。

2015
20歳
桃田賢斗

好きでなかったことを継続する効果

２０１５年は、年明けの日本代表合宿から充実していました。昔はそれほど好きではなかったのですが、ウエイトトレーニングを結構やっているのが自信になっています。

栄養管理でも、栄養士さんにメニューを組んでもらった効果が出ているようです。

２０１４年に17パーセントだった体脂肪が12パーセントちょっとに落ちているので、気持ち的にも動けるんじゃないか、と。

コート上でも、後ろの入り（後方への移動）が速くなったり、少しずつレシーブもできるようになってきたりしています。

また実戦でも、ペース配分や戦術など、ちょっとずつわかってきていると思います。

2021
中西洋介

まだまだ伸びる余地がある

いろいろなトレーニングによって、フィジカル的な数値としては以前より伸びているのは確かですが、桃田を分析したとき、何かの数値が突出している、ということはないのです。

ライバルなら、ギンティンなどはむちゃくちゃ速いですし、若い頃の林丹は瞬発系も持久系も優れていました。

桃田は走るのは速いですが、瞬発系というよりは持久系です。

同じことを長く続ける能力に長けているのはまちがいないとしても、筋力も、柔軟性もふつうですから、逆にまだまだ伸びる余地はあるということです。

2021
佐藤翔治

トレーニングの成果が体に表れた

6~7年前でしょうか。一時、桃田の体重が80キロになったと聞いて、正直「太りすぎだろう」と思いました。とくにシングルスの選手としては……。

ただ、桃田が入社した2013年から16年まで、私は日本代表女子のコーチでしたから、さほど接点がなく、そもそも口を出す立場ではありませんでした。実際にコーチングをするのは、出場停止が明けた17年から。80キロのイメージがあるので、最初は「細っ」と思いました。

2016年から17年春までの謹慎期間中、それだけ厳しいトレーニングを積んでいたということの証でしょう。

18
No pain, No gain. 辛いことから目をそらさない

2016年から17年までの無期限出場停止処分期間中、質、量ともに充実したトレーニングにより、桃田の体はさらに研ぎ澄まされる。17年5月に行われた、復帰戦の日本ランキングサーキットで優勝したあとには、こんなふうに語った。

2017
22歳
桃田賢斗

フィジカル勝負という新しい引き出し

あの期間のトレーニングで、体脂肪は明らかに落ちました。今までは、自分の好きなように練習してきました。フィジカルよりも技術で勝負、というつもりで、足りないとはわかっていても、トレーニングには熱心ではなかった。

ですが、あれだけ周囲の方々に迷惑をかけながら、もう一度練習をさせていただく以上は、せめて苦手なことにも真剣に取り組もうと思いました。自分を支えてくれた方々への感謝としては、その程度では足りないのですが。

ただトレーニングの成果もあってか、動くスピードが速くなり、前とは違う感覚でシャトルの下に入れるようになっています。

ランキングサーキットは久々の実戦でしたが、準決勝では少しコートにも慣れてきて、自分らしいネット（プレー）もできました。長いラリーで自分も息が上がりましたが、苦しくても相手を後ろに押し返すショットが打てたり、ワンテンポ早くシャトルにさわれたりしました。

トレーニングで体幹がしっかりした分、フィジカ

ル勝負という、これまでにない引き出しが増えたと思います。

2021
中西洋介

新しい桃田のスタート

B代表のコーチをしていたとき、高校生の桃田を見ていて、細くてうまさはあるけれど、スピードとパワーではまだまだという印象でした。

社会人になってから体重が増え、本人も「うまいものを食べてデカくなりました。80キロくらい」と。確かにその分、スマッシュが速くなってはいました。

私がA代表のコーチになったのは2017年。桃田の処分が明けて、A代表に復帰するのが翌18年です。謹慎期間中によっぽどトレーニングをしていたのでしょう、やせました。すごくスリムになった。

トレーニングの成果は明らかに体に出ていて、フィジカル的な数値も上がりました。ただ、試合になると、それまでなら圧勝してもおかしくないのに苦戦する。つまり、フィジカルの向上が試合に反映しているかどうかが、当時はわからなかったのです。

また、フィジカルが向上したとはいっても、世界水準からはまだ物足りない部分があり、ここからが新しい桃田のスタートだと感じました。

復帰戦の2017年日本ランキングサーキットで優勝

19

体が目覚める負けもある

桃田が、得意ではないトレーニングの重要性をさらに強く感じるきっかけとなった、ひとつの敗戦がある。

パワフルな攻撃のみならず、中国選手にはめずらしい、粘る戦いができる諶龍に敗れたことだ。

2018
23歳
桃田賢斗

長いラリーに耐えるスタミナを

以前、諶龍選手と対戦したときのことです。ネットを切って（ネット際にシャトルを落とし、相手に上げさせて）攻撃に持ち込もうという自分の仕掛けをことごとくかわされ、簡単にやられたのです。

その反省から、もっとフィジカルを強化し、長いラリーに耐えられなければいけないとすごく感じるようになりました。もちろんそれまでも、トレーニングには取り組んでいたのですが、もっともっと必要だな、と。

たとえば、決定力をつけるための筋トレだったり、スタミナをつけるためのランニングだったり。それまでよりも、より多くトレーニングするようにしたのです。

そして実際にプレーしてみると、ネット前では捕る位置が高く（打点が高く）なりましたし、しっかり動ける分、シャトルへの入りが早くなった。

そうすると体勢もよくなりますから、相手は自分がどこに打ってくるか、すごく読みづらいのです。逆にこちらは、相手が動きづらい分、先手を取れることになります。

2021
中西洋介

世界一の判断力

桃田もそうですが、日本選手は以前、諶龍と対戦するとき、決めにいっていたのです。

相手は身長が大きいのに守備も堅く、ラリーでは分が悪いイメージがあるのでしょう。ガス欠になる前に先に攻めたいと、どんどんプッシュし、ライン際に強打するのですが、結局決まらずに自分がばててしまう。諶龍としては、致命的なスペースだけを与えないように、返球していれば相手が勝手に根負けしてくれる……。

桃田はそこに気がついたので、それ以後は、ラリーしながら機を見て攻め、攻めることができない場合でもラリーでガマンする耐久性ができてきました。つまり、攻めるべきポイントまで待てるのです。ここで攻める、ここは無理をしないという判断力は、世界一だと思います。

そして一度そうやって勝ったあとは、逆にラリーしていたら勝てないと痛感したのか、諶龍が攻めてくるようになってきました。相手の長所だったのが、今は桃田の長所になったわけです。

フィジカル強化の結果、ネット前での打点が高くなった。写真は2019年5月の男女混合国別対抗戦スディルマンカップ

20 明けない夜も、やまない雨もない

2020年。東京オリンピックで金メダルを首にかけるはずの桃田の未来図は、白紙になった。1月、マレーシアから帰国途上の車で交通事故。前向きにリハビリに取り組んでいた3月24日には、東京五輪の1年間の延期が決定した。それでも桃田は、強靭な心のバネで、アクシデントの反作用をプラスに転じてきた。

約1年ぶりの実戦だった全日本総合では3連覇を果たし、復帰までの心境をこう語っている。

2020
26歳
桃田賢斗

ああ、帰ってきたな

1月の事故の直後は、もう一度バドミントンができるかどうか……と不安になりましたが、試合までに時間があった分、しっかりとフィジカルトレーニングに取り組むことができていました。

事故のあとはとくに、いい時もわるい時も、（ともに事故に遭った）森本哲史トレーナーと二人でいろいろな経験をしてきました。自分が練習できない状況からいろいろなケアをして、支えてくれたのが森本さん。一番近くで、家族より長い時間一緒にいたと思うので、その存在は大きいです。

一番の課題である攻撃力をつけるために、コロナ禍の間は、筋肉量を増やすことをテーマにしました。その成果か、体脂肪の数字はいい方向にいっていますし、ベンチプレスも80キロ程度はできるようになりました。それでやっと人並み、というところですが、ときどきは鏡を見て、筋肉がついていることを

実感します。

20年の全日本総合は久々の試合で、初戦は緊張して体ががちがちでしたが、そのなかでもしっかり動き切れたので、フィジカル的なトレーニングの成果が出たと思います。

いざ試合に復帰してみると、試合前の独特の緊張感も含め、久しぶりだなと感じることができましたし、コートに立ったときも、ああ、帰ってきたなという感じがあり、楽しみながらプレーができたと思います。

トレーニングの成果として手応えを感じるのは、コートカバー力。

試合がない分、コートでの練習をたっぷりできたことも大きいですが、フィジカルも向上していると思います。相手に外されたとき、逆をつかれたときの1歩が前より速くなっている、以前よりも軽く動けているという感覚はあります。

ただ、速くなった分だけタイミングが合わず、行きすぎてしまったり、まだ自分の打点、タイミングに納得いかない部分がある。また、スピードを上げてしまうと、バランスを崩しやすく、手元が狂いやすくなるので、心のなかでスピードをセーブしてしまうところもあるのです。そういうズレから、ちょっと打ち損じというか、甘い球を出してしまうのが今後の修正点です。

19年の全日本総合は、自分がだいぶリードしているところからレースを走り、単独ゴールというイメージでした。自信もすごくありましたし、バドミントン生活も充実していて、〝ふつうにラリーしていたら勝てる〟と、圧倒的な自信がありました。

でも、20年の総合は横並びからのスタートで、本当にだれが優勝するかわからない状態。苦しいところで最後、もう足が動かないところからひと踏ん張りできたのは、やっぱり地道にトレーニングしていた成果もあったと思います。

トレーニングによるフィジカル面の自信が、強い気持ちにつながったと思うので、この優勝は自分のなかですごく自信になりました。

第四章 転機 turning point

謹慎からの復帰戦で優勝すると、さまざまな思いが涙に

21

分岐点では、あえて困難な道を選ぶ

7歳の頃、姉が通っていた香川・三豊ジュニアでバドミントンを始めた桃田。めきめき腕を上げて、小学生チャンピオンになると、中学は、前年から中高一貫体制での強化をスタートした福島・富岡第一中に進学。12歳の少年にとって、親元を離れるのは大きな決断だっただろう。

2009
15歳
桃田賢斗

負けた悔しさから本気になった

4年生のときにABC大会[*1]に出て、4強決めであっさり負けたのが悔しくて。同級生には絶対勝ちたいと思うようになり、そこからバドミントンに対して真剣に取り組むようになりました。ソフトボールもやっていたのですが、小6の全小[*2]で優勝してバドミントンに専念しました。

中学進学については、同学年の強い選手が、福島の富岡に行くというのを聞いて、自分も強いところでやりたいな、と決めました。

中学では試合中も強気で戦えるようになりました。3年時にはキャプテンを務め、チームのことを考えるうちに、精神的にも少しは成長できたと思います。

2021
26歳
桃田賢斗

強くなりたいという気持ちだけ

親元から離れるのに、とくに不安はありません。バドミントンで強くなりたいという気持ちだけです。親元を離れることによる寂しさ、不自由さなどのマ

＊1　全国小学生ABC大会。A＝5･6年生、B＝3･4年生、C＝1･2年生の部に分かれる

＊2　全国小学生選手権

イナスなど、後先のことは考えられないタイプなのです。こうなりたい、という気持ちだけ。

2021 中西洋介

地元を離れたのは いい選択だった

桃田は、年齢で15年と2日、離れていますが、同じジュニアクラブ（桃田が5年生の冬頃から所属していた香川スクール）の後輩。小学生の頃に1ゲームやったことがありますが、うまいなと感じました。前かな、と思ったら後ろに返される。昔から今のようなプレースタイルでした。

　中学から地元を離れたのは、いい選択だと思います。私の時代は、香川県内の中学にも日本トップレベルの力があったので、出ていく必要はありませんでした。ただ私自身、中3のときに香川県の高校生チャンピオンに勝ったので、県内にいては全国レベルにはなれないと、高校から県外に出ました。

　桃田の時代になると、自分の頃と比べて、いい指導者と巡り会えるとは限らないし、一人でいくら頑張っても限界があります。

　ですから、富岡に行ったのはよかったと思います。富岡にはインドネシアからの指導者もいて、世界トップのスキルを目の前で見られるのは、見て、感覚で覚えるという点で全然違います。実際、福島に行ったことで技術系が伸びました。

6年生のときに、全国小学生で優勝

22

負けた瞬間から、次の試合が始まる

勝者と敗者がくっきり分かれる勝負の世界。ランキング1位に君臨する桃田といえども、敗戦と無縁で今の地位を築いたわけではない。節目節目で味わった屈辱が、1位へのエネルギーになった。

2015
20歳
桃田賢斗

指導者の言葉で切り換えられた

社会人になってから、初めて決勝に進んだ2014年の全日本総合で負け……。このときは落ち込みがひどく、大会後にSSファイナルズがあるのに、なかなか練習に身が入りませんでした。

本番のSSファイナルズでも、初戦は、外から見ても気持ちが入っていない試合で負け……。ただ、会場のドバイまで来てくれた松野[*1]（修二・当時NTT東日本副部長）さんにハッパをかけられ、負けてもいいからあきらめないようにしようと切り換えられました。

2021
26歳
桃田賢斗

負けを整理するプロセスからリスタート

振り返ると、失敗から成長するということが、自分には多いです。

まず中学2年のとき、全中[*2]の決勝では、20対15とマッチポイントを取ってから逆転負けしているのです。福井での大会で、初めておばあちゃんが県外まで見に来てくれたのに、あの負けがすごく悔しくて。高校でも、2年のときのインターハイ[*3]は、やはり決勝でファイナル（ゲームで）負け。

*1　バルセロナ五輪男子ダブルス8強。NTT東日本元監督
*2　全国中学校大会
*3　全国高等学校選手権

いつも、この試合で負けたら終わり、くらいに思ってプレーしているので、負けることは悔しいのですが、自分のなかで整理というプロセスを経て、悔しさをバネにすることで、少しずつ成長するのかもしれません。

2021 佐藤翔治

黒星も自信への貴重な材料

久々の国際試合だった2021年の全英OPで桃田は、準々決勝で敗れました。映像で見ましたが、ロブの高さが中途半端だった印象です。相手の打ち頃の高さであり、もっと低いか、高ければ結果は違っていたかもしれません。桃田は試合を重ねて微調整し、自信をつかむタイプ。その過程では黒星も貴重な材料になります。敗因を整理することが次につながるからです。整理というのは、コーチと当事者の共同作業ですが、あらたまって面談室で話すわけではありません。多くは練習の合間だったり、食事に行った席の会話の流れだったり。シングルスは孤独なものといいますが、それはコートでの話。複数の選手と食事に行けば、バドミントンの話になりますし、外部の目で気づかされることもあります。

年間でわずかしか負けない桃田ですが、印象的なのは2017年の全日本総合で、武下利一[*4]に準々決勝で負けたときです。謹慎から復帰した年で優勝させてあげたかったたし、めずらしく本人も悔し涙を見せていました。

高校3年のインターハイで優勝。前年の敗戦をバネにした

*4　その年の全日本総合で優勝した。元日本代表、現龍谷大ヘッドコーチ

23

失敗があるから、成長できる

2015年の桃田は、SSファイナルズはじめSSで3勝し、世界ランキングも3位。リオデジャネイロ五輪が迫った16年は、早くから五輪出場当確はもちろん、メダル争いの有力候補だった。

だが、4月のインドオープンで優勝し、自己最高のランキング2位で迎えたマレーシアOPの開催中のこと。

先輩の田児賢一[*1]らと14〜15年、都内の違法カジノ店で賭博をしていたことが発覚し、日本バドミントン協会は違反者に処分を課した。桃田は無期限の競技会出場停止となり、メダルどころか、オリンピック出場さえ幻と消えた。

2018
23歳
桃田賢斗

どれだけバドミントンが好きかわかった

バドミントンができない間は、さまざまな方の応援があってプレーができていることにあらためて気がつきました。

シャトルを打てないことで、自分がどれだけバドミントンを好きか、再認識しました。

処分を受ける前は、どこか自分に弱いところがあるというか、自分にしっかり向き合えない自分がいました。自分自身にも、競技にも向き合えない自分だったと思います。

でも、今はしっかり自分と向き合って、苦手なことにも挑戦しています。

*1　2008〜13年、全日本総合選手権男子シングルス6連覇。ロンドン五輪出場

周りの人への配慮であったり、感謝の気持ちであったり、そういうことも含めて、今の自分のほうがいいかなと思っています。

2021
26歳
桃田賢斗

変わらなければ人としてどうなんだ?

もちろん、ほめられたことではありませんが、自分の人生のなかで一番、自分を見つめ直す機会になったと思います。

結果として転機になった、というとあまりにもカッコいいですが……。それまでは、世界である程度勝てていたことで調子に乗っていたのです。

今思うと練習もロクにしなかったし、やりたい放題。いい加減にやっていてもなんとかなるだろう、というくらいの甘い意識です。

その程度でしたから、世界2位までしか行けなかったのだと思いますし、あれが発覚しないままだったらロクな人間になっていないでしょう。

そこまでは、走ったりトレーニングしたりという辛い練習がとくに嫌いでした。

そういう、もともとの自分を変えるのは、むずかしいかもしれません。

ですが、処分によってあれだけ人に迷惑と心配をかけ、いろいろな人を裏切って、何も変わることができなかったら、人として、男としてどうなんだ?と思いました。

そんな自分でも応援し、サポートしてくれる人がいるのですから、変わらなくちゃ人として終わり、ぐらいに考え抜きました。

あのことからよく復帰したね、と言われることがありますが、もちろん自分一人では復帰はできなかった。本当にいろいろな人に支えられましたし、いろいろな経験を積むことで、どうにか人間として多少は成長できたと思います。

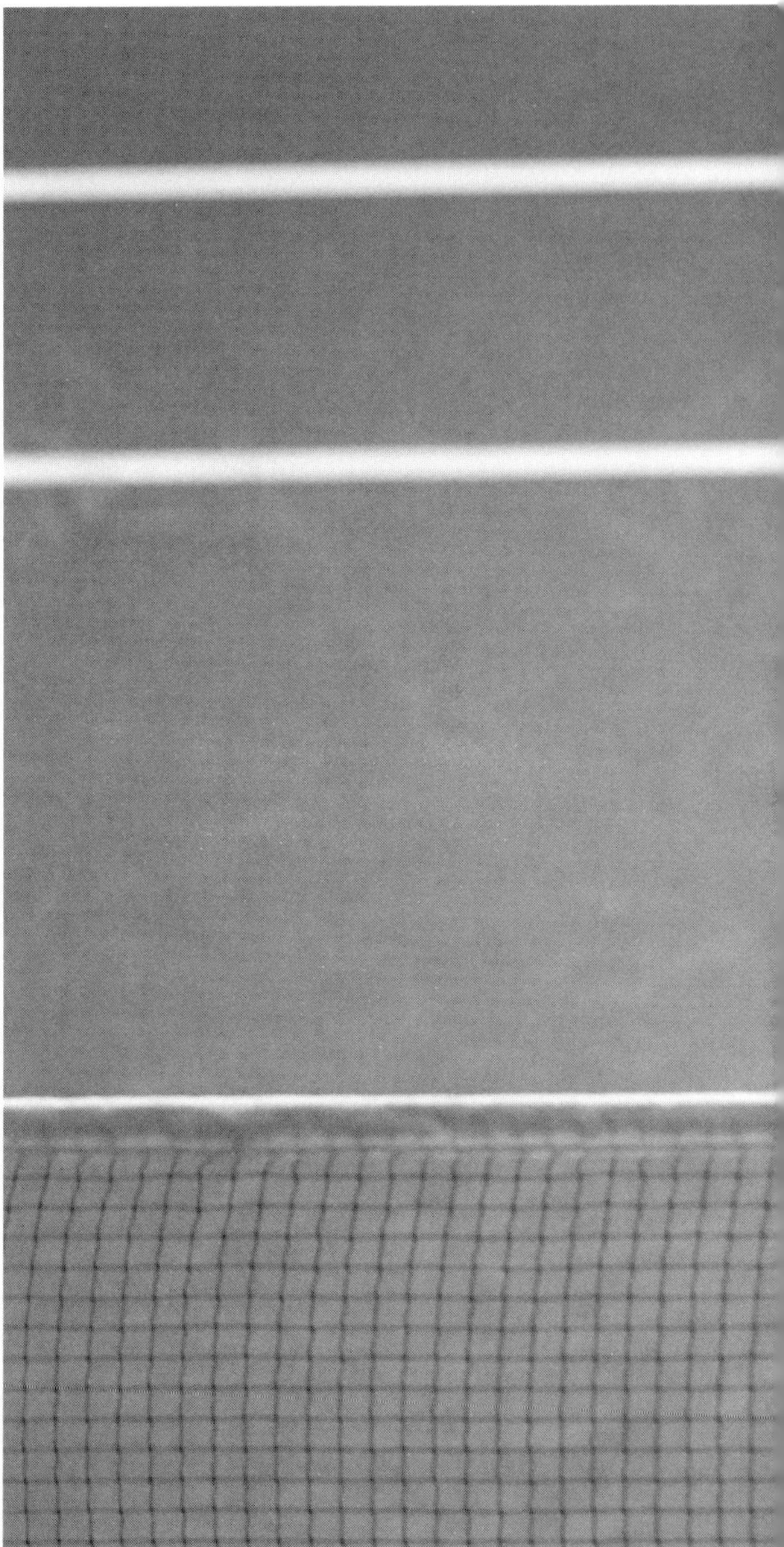

ショットへの速いタッチを披露して復帰戦の2017年日本ランキングサーキットを制した

2021 佐藤翔治

走って走って走っていた

謹慎中に一番変わったのはバドミントンへの姿勢。以前と違い、まるで自分をいじめるかのように走って、走って、走っていたようです。

自らの不祥事で、何かがあればバドミントンができなくなってもおかしくないことを、身をもって知ったわけです。だからこそ練習に手を抜かなくなり、努力を怠らなくなりました。

謹慎前の体型と、シャープになった復帰後を比べれば、桃田の変化がわかると思います。

24
第二の故郷・福島を大切にする

2021
26歳
桃田賢斗

初心を確認する

桃田にいくつかの大きな転機があったとして、避けて通れないのが２０１１年3月11日の東日本大震災だ。

自身はインドネシアで武者修行中だったが、現地の体育館で被災地の映像を見たときには、「何が何だかわからなかった」。学校近くの福島第一原発が事故を起こしたと聞き、福島ではもう羽根を打てないと覚悟もした。

だが2カ月後には、地元関係者の尽力で、県内の猪苗代高校で授業が受けられるようになる。選手たちは戻っていた実家から、ふたたび集まった。

あれから10年。

一度バラバラになった部員みんなが再度集まったときには、チームメイトの絆というか、連帯感がより強くなっていたと思います。それは練習の雰囲気のよさにもつながり、11年のインターハイダブルス[*1]と国体[*2]（団体戦）で優勝ができました。

あの震災は、とても大きな経験でした。地元の人たちに、寮でお世話になり、バス移動のサポートをいただき、感謝する気持ちの大切さを学びましたし、卒業後も、富岡を卒業した自分が活躍することは、震災を乗り越えていくうえで大きな意味があると思います。

*1　齋藤太一と組んで優勝
*2　富岡高メンバーで構成された福島県が少年男子で優勝

何かきっかけがほしいときには、福島に行くこともあります。コロナ禍で試合がなかった２０２０年の７月にも福島に行き、中高生と１週間、羽根を打ち合いました。

正直いま、国内の試合では、自分との試合で最初からあきらめムードの相手もいます。ですが中高生は、なりふりかまわず、遠慮なく、がむしゃらに向かってきます。そして練習終わりとなっても、なかなかコートを離れない。

本当にバドミントンが好きなんだなと、昔の自分を見るようでしたし、あらためて初心を確認できた思いです。

2011年5月、猪苗代町総合体育館で練習。高校2年時

齋藤太一

Taichi Saito　NTT東日本・日本代表

土壇場でのメンタルに驚かされる

桃田は富岡中・高時代の後輩で、１学年下。小学生の頃に試合をしたことはありますが、桃田が富岡中に入ってきてからの付き合いです。入学直後はシングルスで勝ったりしましたが、ネットプレーがうまくて器用で、すぐに勝てなくなりました。

かわいい後輩は仲間思い

高校に進んでからもかわいい後輩という感じ。グンと距離が縮まったのは東日本大震災のあと、富岡から移った猪苗代のサテライト校の時期です。

僕が高校３年のその１年間、バド部員は学校生活ほぼ一緒の行動でしたし、桃田とは寮の部屋も同じ。桃田に限らず、部員の絆が深まった期間です。

桃田は、すごく仲間思いなんですよ。僕が高３、桃田が高２のインターハイで、桃田は個人戦のシングルスと、僕と組んだダブルスどちらも決勝に残りました。ダブルスの決勝が先にあり、試合前から桃田は「ここを頑張りましょう！」と気合いが入っていて、優勝できたのです。

ですが、そのあとのシングルスでは、ファイナルで負けてしまいました。ダブルスでは桃田に頼る部分が大きく、それで疲れてしまったのかな……と責任を感じ、「申し訳ないな」と謝りました。ところが、「全然です。ダブルスで優勝できましたから」と、まるで気にしていないのです。そのとき桃田がシングルス決勝で負けたのが、今、僕が組んでいる古賀輝です。

こんなこともありました。その年、僕と桃田のペアは高校では負けなしだったのですが、団体戦の国体では初戦、勝ちはしましたが千葉のペアに手こずりました。試合のあと桃田が「もっとこうしたい」と話した内容に、自分は納得できず、いらついたのが態度に出たのでしょう。ちょっともめて、お互い口も利かなくなり、次の試合はパートナーを組み替えようか……となったのです。

ただ、寮でもそうですが国体の宿舎でも同部屋でしたから、いつまでも意地を張っていては居心地が悪いだけです。その夜きちんと話して和解し、その大会は結局ずっと桃田と組んで優勝することができました。

ああ見えてさみしがり屋

本人は否定するかもしれませんが、桃田はああ見えてさみしがり屋なんですよ。もちろん、バドミントンに関しては一人でも行動するのですが、たとえば部屋に一緒にいたら、黙っているのは苦手ですし、些細なことでも相談してくるし、今でもちょっと時間が空くと「食事でも行きましょうよ」。昼間会っていたのに、夜になるとどうでもいいことでＬＩＮＥしてきたり……。

僕が大学2年になるときに桃田がNTT東日本に入社しましたが、すでに日本代表でスケジュールはびっしり。それでも、僕の家と会社の寮が近いこともあって、年に何回かは食事をしていました。

物事を突き詰めるタイプ

謹慎するのは16年、僕が入社して数日目のこと。もちろんいいことではありませんが、あそこをきっかけに、桃田は変わりました。

それまで自分から走ったり、トレーニングをしたりするタイプではなかったのですが、すごくストイックに練習するようになったのです。立場を自覚して、話すときも言葉を選びますし、人間的にも大人になったのでしょう。

それと、もともと物事を突き詰めるタイプだと思います。高校のときエアガンがはやり、缶に命中した程度で喜んでいたのですが、桃田一人ネットで注文したのは威力が段違いで、もっと本格的なものだったのです。リフティングにハマればサッカーボールを買ってくるし、とにかく、「これをやる」と決めたらとことんやります。

今、徹底的に練習に取り組んでいるのは、そういう一面が表れているのかもしれません。

自他ともに認める負けず嫌いです。ゲームでも負けたくないから、相手が得意そうなのは初めからやらなかったり（笑）。

プレーヤーとしては、以前は技術で勝っていたのが、今はもっとシンプルに、基礎の正確性やフィジカルで勝っている印象です。すごいのは、劣勢になっても冷静に、ガマン強く、自分のスタイルを崩さずにプレーすること。だから安定しているのでしょうし、土壇場に追い込まれてこそ、ラインぎりぎりのスーパーショットを打てるメンタル力には驚きます。

2011年、インターハイでペアを組んでダブルス優勝。右が3年生の齋藤、左が2年生の桃田

吉村俊亮 Shunsuke Yoshimura スポーツ栄養士（栄養管理担当）

意識の高い優等生

２０２０年1月に、スポーツ栄養の観点からアスリートをサポートする株式会社ＡＮＤ－Ｕを立ち上げ、その年の4月から桃田選手の日常の栄養管理をサポートしています。

大会や遠征期間中を除き、基本的には、1日3食と補食2回分の献立を練習内容に合わせて作成し、調理して提供するのが役割です。

現在、スタッフの田辺幸優が献立の作成と調理にあたり、私は全体を統括する立場にあります。

精神の強さに脱帽

実際に、栄養指導の現場で桃田選手と接するようになったのは、２０２０年の3月中旬でした。

新型コロナウイルスの感染拡大で、東京オリンピックが予定通り開催されるか、それとも延期かで揺れていた時期です。

驚いたのは、「今年予定通り開催されるのと、1年延期されるのと、どちらがいいですか？」と尋ねたとき。桃田選手の答えは、こうでした。

「どちらでも変わらないです」

1月の交通事故からのリハビリ途上にありながら、そう言い切れる精神の強さに脱帽したのです。

事故によるケガからのリハビリ段階では、細胞の修復のためにたんぱく質の摂取量を多めにしていました。

運動量が増えていくとともに、トレーナーとも情報共有しながら、エネルギー収支を考え、バランスの取れた栄養補給メニューを提供しています。

練習量の多さに合ったエネルギーを

予想を超えていたのは、バドミントン選手の練習量の多さ、練習時間の長さです。

サッカー選手や野球選手のサポート経験はありますが、バドミントン選手は初めてで、午前と午後にストイックに汗を流す桃田選手の活動量は、両競技のプロ選手を、はるかに上回っています。

ですからメニュー作成にあたって、まず考えたのはエネルギー収支、ということ。

エネルギー不足だけは避けなければならないので、糖質と脂質の割合を多めにしました。その糖質、脂質をエネルギーに変えてくれるビタミンB群も必須です。

桃田選手は今、体重は変わらないのにやせたと見られることが多いようです。それはおそらく、体脂肪が落ちて筋肉が増えたから。

献立は、競技特性を理解し、練習量や内容を把握し、さらに本人の嗜好や要望も反映して作成しますが、桃田選手の場合は意識が高く、偏食もなく、優等生といえるでしょう。

田辺幸優

Koyu Tanabe　スポーツ栄養士（献立作成・調理担当）

一般男性の約1・5～2倍のカロリーを摂取

献立の作成は、あらかじめ練習内容、ウエイトトレーニングを行うかどうかを把握し、合わせていくのが基本です。成人男性は1日に、２０００～２４００キロカロリーが必要といわれますが、活動量の多い桃田選手はご飯、主菜、副菜で３５００キロカロリーが目安。トレーナーから「今日はたくさん動きました」と聞けば、そこに５００キロカロリーを加えたりします。

部屋に入るなり「カレーだ！」

料理を召し上がる場には私も同席し、ときにはテレビで紹介されている食材を見ながら「これって体にいいんですか？」などと聞かれることもあります。スナック菓子や炭酸の摂取も控えているようですし、アスリートにありがちな、咀嚼が早すぎることもない。栄養に対する意識や興味が、どんどん高くなっているのを感じます。またそれこそが、われわれがサポートする意義でもあります。ただ、料理の見た目には、無頓着かもしれません。たとえば、ハンバーグの盛り付けにブロッコリーをあしらったりすると、「サラダに入れちゃってください」とか（笑）。

好き嫌いなくなんでも召し上がりますが、お昼にカレーを提供したときは、部屋に入るなり「カレーだ！」とテンションが上がっていました。

体組成の数値がベストに

大会時など、われわれが料理を提供できないときは、食事については本人任せです。その際、食べたものを写メで確認して、こちらから「こういうものを食べてください」と指示するケースもあるのでしょうが、パフォーマンスに集中してほしいので、そこまで要求しません。桃田選手はその必要がないほど、食事に対して気を配っていますし、宅配を手配したり、自炊したりしているようです。

桃田選手は今、スマッシュのスピードなどのパワーを求めているようです。けれど筋肉量を増やそうと、たんぱく質摂取を増やせば、体脂肪も上がりやすい。スマッシュの速度というのは機能面や技術面の話ですから単に筋肉を増やせばいいというものでもありません。ただ体組成の数値はベストに近く、体つきや筋肉の乗りが変わってきているというのがトレーナーの評価です。

ある日の桃田の3食。朝のメインはバゲットサンド、昼は他人丼、夜はローストポーク。エネルギー量や栄養素のバランスがしっかり考えられている

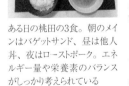

1グラムの違いがわかる感覚の持ち主

矢部拓也 Takuya Yabe ヨネックス販売促進部

心底ビックリしました。

選手は、日常の練習から複数のラケットを使いますが、ある日、桃田選手が「この1本だけ、軽い」と。すべて同じはずなのに、おかしいな……と計ってみると、確かにその1本は約1グラム違いました。

ただし軽いのではなく、重かったのです。桃田選手はタオルグリップを巻くのですが、フィーリングが合っていたのか、1本だけ使用頻度が高かった。それを半年ほど使っているうちに、グリップが汗を吸って重くなっていたのです。「軽く」感じたのでしょうけど、いったいどれだけ感覚が鋭敏なのか。

試打ではロビングの感触を重視

私がNTT東日本さんを担当して5年になります。用具の手配などが業務で、新製品の試打で選手の意見を聞き、それを改良に採り入れたりもします。ラケットなら、桃田選手が使うのはASTROX 99というモデル。ただ、個人用のオーダーメイドというわけではありません。桃田選手の意見を聞き、求める性能やスペックを製品に搭載し、商品化したものです。

ある意味、選手と一緒にラケットを作っている感じです。ヘッドが重いタイプで、上からのショットの決定力が高くなっています。

ただ選手は、試打するときに上からのショットを基準にするのがふつうですが、桃田選手の場合はロビングの感触をもっとも重視しているように思います。力加減の繊細さや、しなり具合を感じやすいショットだからでしょうか。

ASTROX 99は重さや硬さなど、そのまま桃田性能ですから、かなり上級者向けですが、一般にも人気が非常に高いです。

足の指が長く、グリップ力が強い

シューズは、基本的には市販品とあまり変わりませんが、足型測定器のデータや本人の感覚をもとに、当たる部分を微調整はします。

たとえば、土踏まずの筋肉が盛り上がっているので、アーチの高さを調整したり、足の状況に応じ、靴ずれ対策等をしています。

桃田選手は、両足とも指が長いのです。見ていても踏ん張っている感じが伝わってきますから、床をつかむ感じはほかの選手より強いと思います。

また、NTT東日本の体育館はコートマットを敷いてあるので、どうしてもソールが消耗しやすくなります。練習の量にも比例しますが、だれよりもストイックに練習する桃田選手なら、3週間で1足を使うのが平均的でしょうか。製品としては柔らかな履き心地と、衝撃吸収力、反発力のバランスが売りです。

ラケットとシューズの色をそろえたい

機能もそうですが、桃田選手は色へのこだわりも強いほうだと思います。

ラケットとシューズの色をそろえたいのです。

本人に聞くと、「サービスのアドレスのとき、シューズが視野に入るので、ラケットの色と違うと違和感がある」ということでした。

ラケット1グラムの誤差を感じられる桃田。「自分でもすごいなと思った。一円玉1枚ですから（笑）」

今のラケットはネイビーゴールドですから、シューズもネイビーに切り換えています。1世代前のラケットはオレンジ基調だったので、シューズもオレンジでした。

ストリングを切ることが少ない

ストリングは、近年少しずつ普及しつつあるハイブリッドで、縦糸と横糸で違うものを張っています。

縦のストリングは太くてざらざらしているので、シャトルのひっかかりがよく、スピンをかけやすい。スピン系が得意な桃田選手に向いていると思います。横は一番細いもので、反発力が高く弾きがいい。

かなり高いテンションで張ると、ストリングは切れやすいものですが、桃田選手はあまり切りません。正確にスイートスポットに当たっているので、いわゆる「ヘタ切れ」がほとんどないのです。私もプレーヤーでしたが、その視点から見てもとにかく、桃田選手には驚かされることばかりです。

堀川善生 Yoshio Horikawa NTT東日本マネジャー

世界1位なのに、まだこれだけ練習するのか……

桃田の入社前年までマネジャーをしており、復帰したのは2020年7月です。私の業務は、日本バドミントン協会との日程調整、遠征や大会出場にまつわる社内での事務処理、人的物的な契約から用具の手配、購入など、とにかく選手にとって、よりよい練習環境を構築することです。

体育館にだれより長くいる

桃田と身近に接するようになって感じたのは、とにかく意識が高いこと。午前中はトレーニング、午後からは全体練習、全体練習後も居残りで走ったりしています。

世界1位なのに、まだこれだけ練習するのか……というほどで、体育館にいる時間は桃田が一番長いのではないでしょうか。

たまたま寮に行くと廊下で一人、ストレッチをしている姿を見ました。コンディショニングについても意識が高く、おっくうがらずに超音波の治療をするのが習慣だったり、見えないところで体のケアをしたり。栄養管理もしっかりしていますし、24時間バドミントンのことを考えている。

さすが、ということばかりです。

練習に取り組む桃田のストイックな姿勢に感心すると話す堀川マネジャー(左)

バドミントンはオレが引っ張ると自覚

たくさん入ってくるイベントの出演依頼や取材依頼は、整理してマネジメント事務所と調整します。

スケジュールが過密であっても、桃田は「バドミントンをメジャーに」という気持ちが強く、積極的に対応したいと考えているようです。

「日本のバドミントンはオレが引っ張る」くらいの自覚があるのだと思います。

20年1月の事故から復帰するタイミングで記者会見を行ったのも、本人からの発信です。

会社宛てに多くのファンレターが届くのですが、本人に渡すとしっかり目を通しているのはさすがです。

なにか、「さすが」ばかり言っていますね。

薗田 淳 Jun Sonoda UDN SPORTSマネジャー
子どもたちのために

私は川崎フロンターレを皮切りに2018年までJリーグでプレーし、セカンドキャリアとして株式会社UDN SPORTSに入社しました。

その経歴からアスリートとしての視点を持ちつつ、マネジャーとして社会貢献活動のサポートをしています。

『桃田賢斗アリーナ』を作りたい

では、桃田選手は具体的にどんな社会貢献活動をしているか。

弊社では2019年5月から、UDN FOUNDATIONというプラットフォームを通じた活動を進めています。

これはアスリートがサポーターや地域、チームに恩返しをするため、チャリティー活動や競技の盛り上げ、地域活性化のイベント開催などにより、次世代の育成につなげ、社会貢献の輪を広げていくものです。

その一環として桃田選手は、「小学生と直接ふれあい、話す機会を持ちたい」という本人の希望で、19年12月に都内の小学校を訪問しました。その後、児童からもらったお礼の手紙には、「感動したし、勇気をもらった」と語っています。

コロナ禍では「#つなぐ」プロジェクトで子どもたちや医療従事者にマスクを贈ったり、医療従事者への感謝を込めて、東京都医師会への寄付を行っています。

21年2月からはYouTubeチャンネルを開設し、「バドミントン日本代表、桃田賢斗がYouTubeで叶えたい夢」という動画を公開しました。

そこでは、バドミントンに親しむ子どもたちがもっと増えてほしい……という思いを語り、YouTubeでの収益で、ゆくゆくはだれもが気軽にバドミントンを楽しめる『桃田賢斗アリーナ』を作りたい、という壮大なプランも明かしています。

社会貢献への強い思い

桃田選手は、福島での高校時代に東日本大震災を経験したこともあり、人一倍社会貢献への思いは強いです。

それが弊社を通じ、サッカーの香川真司選手らと食事や話す機会があり、アスリートはもっと社会に貢献すべきという責任感をさらに強く持つようになりました。バドミントンという競技を代表する者としての自覚、と言ってもいいでしょう。最近は、「こんなことをやりたい」「子どもたちに発信する方法は?」など、本人からの積極的な提案が多いです。

アスリートですから、まずはコートで結果を残してもらうことが第一ですが、コート外の活動については、われわれも最大限のサポートを続けます。

glory road
戦いの軌跡

2021年4月現在の主な記録

1994	9月		1日誕生。『スーパーマン』の登場人物クラーク・ケントが名前の由来
2002	小1		小1の終わりに香川・三豊ジュニアでバドミントン開始
	小2		初めての試合（1、2年生による香川県大会）で準優勝
			バドミントンを勉強した父の指導により自宅駐車場で動く練習をするなど
			本格的に取り組み出す
2004	小4		ソフトボールも始める
			ABC大会Bグループ（3、4年生の部）準々決勝敗退。同級生には絶対勝ちたいと本気に
2007	小6		全国小学生6年生以下の部優勝。バドミントンに専念すると決意
	中1		福島・富岡第一中入学
2008	中2		全国中学校準優勝、全日本ジュニア新人の部優勝
2009	中3		全国中学校優勝
			全日本総合に男子として史上初の中学生で出場
2010	高1		富岡高進学
			全日本ジュニア優勝
2011			東日本大震災により練習拠点が猪苗代に
	高2		インターハイ準優勝（ダブルス優勝）
2012	高3		インターハイ優勝（ダブルス準優勝）
			世界ジュニア優勝（日本人史上初）
2013	4月		NTT東日本入社（世界ランクは50位）
	8月		全日本社会人優勝
	11月		中国OP（SSP）3位、世界ランクは20位に
	12月		全日本総合3位
2014	5月		男子国別対抗戦トマス杯優勝（5戦全勝で日本の初優勝に貢献）
	10月		フランスOP（SS）3位、世界ランクは12位に
	12月		全日本総合準優勝
2015	4月		シンガポールOP（SS）優勝（日本男子シングルス初のSS優勝）
	6月		インドネシアOP（SSP）優勝、世界ランクは5位に
	9月		世界選手権3位（日本男子シングルス初）、世界ランクは3位に
	12月		全日本総合優勝
			スーパーシリーズファイナルズ（SSF：SSPと同等）優勝
2016	4月		世界ランク2位に（日本男子初）
			違法賭博行為が発覚し、無期限競技会出場停止処分に
2017	5月		15日付で処分解除
			復帰戦（416日ぶり実戦）の日本ランキングサーキットで優勝
	7月		海外復帰戦カナダOP（GP）準優勝
			翌週、消滅していた世界ランキングは282位に

バドミントン国際大会の種類　＊図の上にいくほど大会グレードが高い

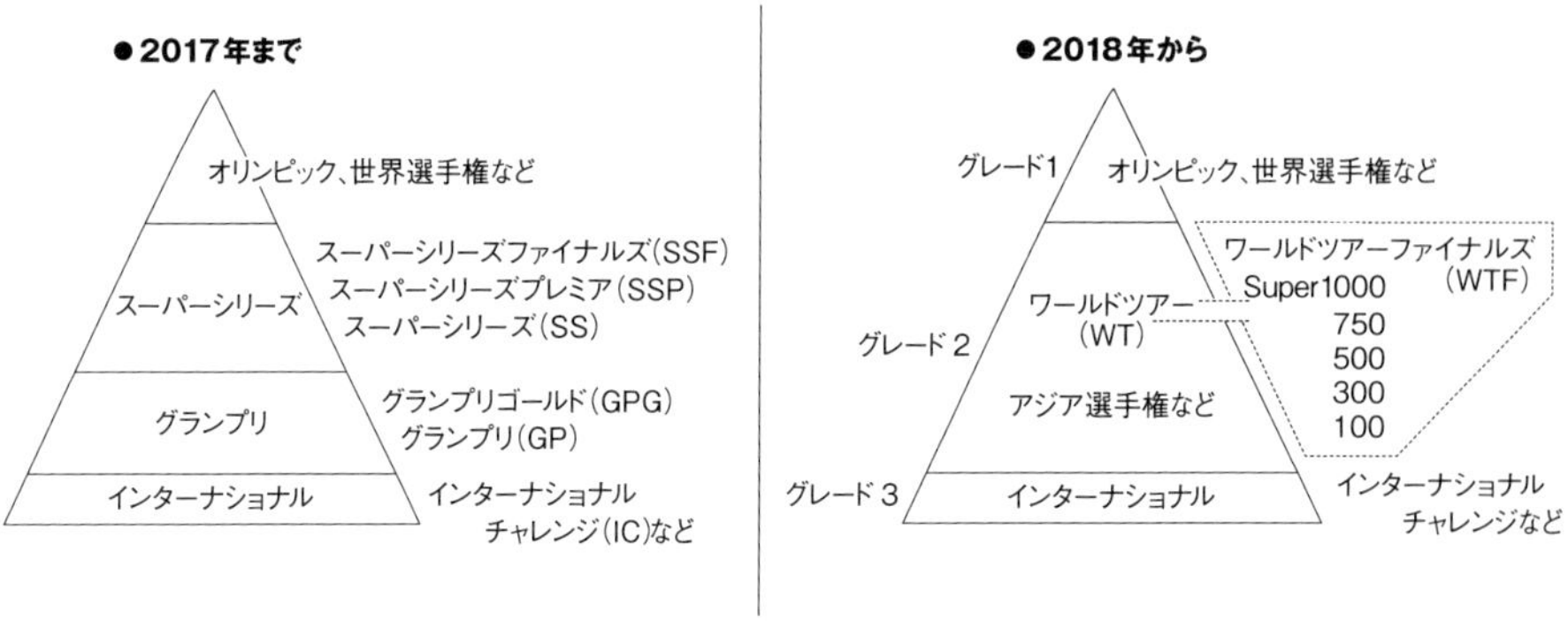

9月　全日本社会人優勝
ベルギー国際（IC）優勝
チェコOP（IC）優勝
10月　オランダOP（GP）優勝
世界ランクは77位に
11月　マカオOP（GPG）優勝
11～12月　全日本総合準々決勝敗退
A代表復帰へ

2018

4月　アジア選手権（スーパー〈以下S〉500相当）優勝（リー・チョンウェイ、諶龍ら強豪連破）
世界ランク12位に
6月　マレーシアOP（S750）準優勝
7月　インドネシアOP（S1000）優勝
7～8月　世界選手権優勝（日本男子シングルス初）、世界ランク4位に
9月　ジャパンOP（S750）優勝、世界ランク2位に
中国OP（S1000）準優勝
9月27日付世界ランキングで1位に（日本男子初）
11～12月　全日本総合優勝

2019

2～3月　ドイツOP（S300）優勝
3月　全英OP（S1000）優勝（日本男子シングルス初）
4月　シンガポールOP（S500）優勝
アジア選手権（S500相当）優勝（2連覇）
7月　ジャパンOP（S750）優勝（2連覇）
8月　世界選手権優勝（6戦すべてストレート勝ちで大会史上4人目の2連覇）
9月　中国OP（S1000）優勝
韓国OP（S500）優勝
10月　デンマークOP（S750）優勝（2連覇、4大会連続優勝）
11月　福州中国OP（S750）優勝（2連覇）
12月　全日本総合優勝（2連覇）
ワールドツアーファイナルズ（WTF）優勝（4年ぶり2回目）
年間最多11優勝。世界バドミントン連盟年間最優秀選手賞を受賞

2020

1月　マレーシアマスターズ（S500）優勝
マレーシアで交通事故
2月　右眼窩底骨折で手術
3月　オリンピックの1年延期が決定
12月　復帰戦の全日本総合で優勝（3連覇）

2021

3月　全英OP（S1000）で国際大会復帰。8強

第五章 生き方

lifestyle

25
好きだからこそ、もっとメジャーに

第一人者の自負がある桃田だからこそ、自分が全身で取り組むバドミントンを、もっと日の当たる競技にしたいと考えている。かつては卓球などと並び、マイナースポーツの代名詞のようにいわれていたことを考えると、今のバドミントンは十分、メジャーになっているが、桃田にとってはまだ物足りない。たとえば2015年、SSファイナルズで初優勝したあとはこんなふうに語っている。

2015
21歳
桃田賢斗

賞金はアスリートの評価のひとつ

決勝前は、賞金のことをむちゃくちゃ意識しました。スポーツ選手って、そういうものじゃないですか？ 賞金が入ったら、派手で豪華な生活をして、子どもたちのあこがれの存在になりたい。高い洋服を着て、高級車に乗って……。今は免許を持っていないですけど。バドミントンをもっとメジャーにしたいのですが、そのためには、自分がもっと活躍しなくてはいけないと感じています。

メジャーになっているスポーツ選手は、活躍を評価されて、注目されて、その結果お金をたくさん稼いでいる。自分の力で、そうなっていきたいです。

その競技のメジャー度を測るには、報酬の額がその物差しだと思いますが、まずはだれもがあこがれるスーパースターのような存在が現れないと。自分がそうなりたいというのは、エースとしての自覚かもしれません。

高校のときは、ここまでの選手になれるとか、こんなふうに考えるなんて思っていなかったです。

2021 中西洋介

第一人者の自負

「お金を稼いでいい車に」という表現はともかく、バドミントンをメジャーにしたいという思いの強さを感じます。その第一歩としてわかりやすいのが所得で、「バドミントンはこれだけ稼げるんだ」と一般に認知してもらいたいのでしょう。そのあたりは、第一人者として野球、サッカーのトップとも張り合う役割を自負しているのだと思います。

もともと手軽で気軽、老若男女が楽しめますから、バドミントンは競技人口としては野球より多いかもしれません。ですがプロ野球のように、何万人もが観戦に訪れることはないし、今のところは観るよりもやるスポーツの要素が強いでしょう。

ただ、たとえばアテネ五輪の頃までは、テレビがここまで放送してくれるとは考えもしませんでしたし、観るスポーツとしても発展していければと私も思います。取材や露出の多さは、選手たちのモチベーションにもなりますから。

26

競技のステータスを高める

かつては、強さの証でもある賞金額を無邪気に気にしていた桃田だが、出場停止処分や交通事故というアクシデントを経て人間性が深みを増し、奔放さは姿を消した。

発言にも、自分のことより競技の将来を見すえる内容が増えてくる。

2020
26歳
桃田賢斗

子どもたちに夢を与えたい

これまで自分のなかでは、バドミントンをきわめたいという延長線上に試合がある、という感覚でした。

でも今は、もっともっとバドミントン界を盛り上げていきたいという気持ちが強いし、いろいろな人

のおかげで処分から、あるいは事故から復活できたので、その人たちのためにも、なんとしても金メダルという気持ちも強いです。

コロナ禍で試合のない今は、ファンの方に会場でプレーを見せる機会がないので、この期間にSNSなどでいろいろなことを投稿してきました。

SNSでファンの人と交流することによって、いつも以上に近い距離で話をすることができましたし、反応もダイレクトに感じられます。

子どもたちにもっと夢を与えたいという、大きなモチベーションになりました。

2021
26歳
桃田賢斗

競技の注目度を上げたい

バドミントンには、まだまだマイナーなイメージがあると思います。

たとえば、自分が始めたときは、どちらかというと女性のやる競技というイメージがありましたし、ほかにも日本で注目されるのは、野球を除けば女性アスリートが圧倒的に多かったと思います。そういう日本のスポーツの見方を、少しでも変えたい思いが自分にはあるのです。

バドミントンも、プロ野球選手やJリーガーのようなステータス、注目度を得たいと思いますし、また競技のこれからのためにも、そうなっていかなくては。

バドミントンはリオ五輪で金[*1]メダルを獲得したので、次のオリンピックでもメダルが有望だと注目してもらえます。

せっかくそういう波が来ているので、チャンスだと思います。

大きな大会でいい結果を残せば、さらに注目度も上がりますし、それがステータスの向上につながっていくのではないでしょうか。

*1　女子ダブルスの髙橋礼華／松友美佐紀が日本バドミントン史上初の金メダル

NTT
東日本
NTT East
7
7
YONEX

27

一日一日を悔いなく、やり切る

桃田を、バドミントンに駆り立てるものはなんなのだろう。

すでに出場権を手にしていた東京五輪の2020年には、年頭に大きな事故に見舞われた。ポジティブさを1滴ずつ絞り出し、リハビリに懸命な時期には、オリンピックの延期が決定した。モチベーションを見失い、脱力してもおかしくはない。

それでも桃田は、さながら修行僧のように、あくまで向上を目指した。

2021
26歳
桃田賢斗

いつバドミントンができなくなるかわからない

事故からリハビリの最初の段階は、東京オリンピックに間に合うかどうか、必死にリハビリをしていた時期。仮に大会が開催され、出場には間に合ったとしても、いい状態で出られたかどうかはわかりません。

ただ、もしそうだとしても、悔いは残したくないし、やれることはすべてやっておこうという気持ちでした。

ああいう事故に直面してみると、いつバドミントンができなくなるかわからないわけです。もっと言えば、不慮の事故や天災でいつ死んでしまうかもわからない。自分は高校1年の終わりに、福島で東日本大震災を経験していますし……。

それだったら大げさな話、いつ死んでもいいように、一日一日を悔いのないようにやり切るべきじゃないか、と考えています。

2021
中西洋介

人生のできごとをバドミントンに置き換えて考える

クールに見えるかもしれませんが、ドライではありません。

桃田はバドミントンに対して熱い。後輩にも「こうしたほうがいい」などと熱く語っています。ときに言い方が厳しくなるのは、自分にも厳しいという自負があるから。

謹慎期間には頻繁にジュニアなどの指導をし、「あらためてバドミントンが好きだと気がついた」というのは本心でしょう。

人生のできごとを、これはバドミントンにマイナスになる、プラスになると、何かしらバドミントンに置き換えて考えています。

そうしようと思わなくても、好きだから、自然に24時間考える結果になる。

たとえば、たまの空き時間に好きなサッカーを見ていても、スペースの作り方などはバドミントンの参考になるようです。

すべては自分が成長するためで、そういう選手だから強くなるのでしょう。

28
〝いいことマイル〟をため、運を呼び込む

バドミントン強化に力を注ぐ富岡第一中時代には、さまざまな栄養を吸収した。メンタルトレーニングの専門家の、講習を聞いたこともある。落ちているゴミを拾って捨てる、というのは、そのときに学んだ心を整える方法のひとつ。そのことを、思い出したのだろうか……桃田は言う。

2021
26歳
桃田賢斗

ゴミを拾えば1点もらえる

いつの頃からか、落ちているゴミに気がついたら拾って捨てるようになりました。試合会場で入ったトイレのスリッパが乱れていたら、それを直したりもします。

ゴミに気づきながら素通りするのは簡単ですけど、そのあとで〝拾っておけばよかったかな……〟と、ひきずってしまうのはイヤ。それだったら、気がついたときにパッと拾って捨てたほうが気持ちいいし、キレイにもなります。

試合前、テーピングで出たゴミなどを片づけるのはごく当たり前のことで、深い意味はありません。ただ、試合中にラッキーな1点が入ったときなどに、〝あそこでゴミを拾ったから1点もらったのかも〟と考えるようにすると、次からは自然にゴミを拾うでしょう。その繰り返しです。

2021
中西洋介

人間味にあふれた天才系

たとえば試合前の身支度が終わり、周囲のゴミ、空き箱や、飲み終わったビンなど私が始末しようとしたら、「自分でやりますから大丈夫です」。

整理整頓するルーティーンが気持ちの集中につながることもあるでしょうが、そういうことが積もり、やがては試合中の運として返ってくることがある、と考えているようです。

バドミントンは天才系で、世界ランキング1位ですが、実は人間味にあふれています。人からもらったものは大事にしますし、おばあちゃんからもらった数珠も大切にしているようです。

29 寂しいことも認めよう

ことに大会の初戦、桃田はかなり緊張するという。国内大会で格下が相手、ハタから見れば大楽勝が予想されるときでも、それは変わらない。国際大会では、桃田が試合本番のコートに入るときに、ある儀式がルーティーンとなっている。

2021
26歳
桃田賢斗

確かに さみしがり屋です

海外などでコートに入るとき、スタッフが全員そろって見送ってくれます。そしてみんな、ハイタッチとかするのです。なぜだろう……？

自分の本質は確かにさみしがり屋ですけど、試合になればそれはありません。自分が試合に入るときには、かなりぴりぴりしているから、むしろ周りに気を使わせちゃっているのかな。

確かに、試合に入る前というのはソワソワ感というか、いても立ってもいられない、体が冷たくなるような、なんともいえない感じなのですが。

ただ、こちらから見送ってくれるようお願いしているわけではなく、なんならほっといてくれ、くらいの心境です（笑）。

2021
中西洋介

ルーティーンで 落ち着く

試合前にはだれでも緊張するもので、トイレに何回も駆け込むような選手もたくさんいますし、桃田の場合はそこまでではなくても、やはり緊張はするようです。落ち着くには、自分なりのルーティーンがあり、桃田の場合も試合に入るまでの決まった手順があります。

たとえばアップを終えて試合に入る直前に、左ヒザにテーピングを巻く。

いつも同じタイミング、同じ箇所なので「痛いの？」と聞いても全然違和感はなく、ゲン担ぎ的な意味があるようです。

そして桃田クラスの重要人物（笑）だと、試合に入るときも終わったあとも、スタッフ全員が見送り、迎え入れる。

選手によってはいやがりますが、桃田は自分をしっかり見てほしい、気にかけてほしいという気持ちが強いと感じています。

本人曰く「さみしがり屋」なんですよ。

2021 佐藤翔治

「気にしい」は先を読んで行動できる裏返し

桃田が謹慎から復帰した2017年、私もA代表のコーチを退き、8月から自己負担で海外遠征する桃田に帯同しました。

試合以外の時間は当然トレーニングが必要で、外を走るときには桃田から「一緒に行きましょう」と声をかけられました。

意外と繊細なところがあり、たぶん一人ではイヤなのでしょう。

その頃の海外では、ずっと二人一緒です。さすがに部屋は違いますが、食事は私の部屋でとっていました。持参している炊飯器でご飯を炊き、やはり持参のレトルトや缶詰などをおかずにしました。本人がよくサラダを買っていたことも覚えています。ランドリーに行くのも、コーヒーを飲むのも一緒でした。

またバドミントン以外では多少心配性というか、万一に備えて遠征の荷物が多いなど、「気にしい」なところがあります。

でもそれを、先を読んで行動すると考えれば、バドミントンに関してはむしろポジティブな一面だと思います。

30 感謝を忘れず、一瞬一瞬を全力で

２０１７年に出場停止処分が明けてからの桃田は、明らかに変わった。それまでは自由奔放でやんちゃなイメージがあったが、周辺にも配慮が行き届く、大人のプレーヤーに。それは決して、表面的なものではない。復帰できたのは、周囲のサポートとあたたかい応援があったおかげ、と心底から感じているからだ。

2018
23歳
桃田賢斗

自分には責任がある

復帰してから一番感じるようになったのは、責任ということです。いろいろな人に支えられて試合に出られ、バドミントンができている。自分が、自分がというより、周りの人のために……。そういう、支えてくれる人たちに恩返ししたいという気持ちがとても強くあり、その強い気持ちは試合にも表れているかなと思います。

練習させてもらうことに感謝していますから、トレーニングは嫌いなどとは口が裂けても言えませんし、一つひとつの練習に、本当の意味を見いだそうとしながら取り組めましたし、そこは大きな変化でした。

2020
26歳
桃田賢斗

この人たちがついている！

本当に、支えてくれる人たちの存在は力になります。チームの仲間にも感謝しかありません。

２０２０年の全日本総合で、決勝はファイナルゲ

ームまでもつれました。そのとき、床の汗をふくモップタイムの間にNTT東日本のベンチを見たとき、〝この人たちがついているから、オレは勝てる、絶対勝てる！〟と、強い気持ちになれたのです。

　この大会は無観客でしたが、ほかにもたくさんの方が自分をサポートしてくださっています。そういう周囲の方の期待に応える意味で、オリンピックではメダルを獲得できるように頑張りたい。

　ただ、そこだけが目標ではないですし、ゴールはありません。これをやったら終わり、というのはなくて、できるだけ長くバドミントンをやっていたいなと思います。

2020年全日本総合。事故からの復帰戦を3連覇で飾った

桃田賢斗 ももた・けんと

1994年9月1日生まれ、香川県出身。福島・富岡第一中−富岡高。175cm 72kg。左利き。A型。7歳からバドミントンを始め、小学、中学、高校と数々の全国タイトルを獲得。2012年には日本人として初めて世界ジュニア優勝を飾る。13年にNTT東日本に入社。15年にはシンガポールOPで、日本男子シングルス史上初のスーパーシリーズ制覇。スーパーシリーズファイナルズでも同種目初の優勝を遂げた。違法賭博問題で16年4月から約1年1カ月の競技会出場停止処分を受けたが、復帰後、17年には国際大会5勝。18年には世界選手権、ジャパンOPなどで優勝し、日本男子初の世界ランク1位に。19年には全英OP初制覇、世界選手権連覇など、歴代過去最多の年間11優勝を遂げた。20年1月、マレーシア遠征時に交通事故に遭い、2月に右眼窩底骨折で手術。12月の全日本総合で復帰し3連覇を飾った。世界ランキングは18年9月に1位に到達してから、現在までその座を保持している。

中西洋介 なかにし・ようすけ

1979年8月30日生まれ、香川県出身。香川第一中−上尾高−日大。全日本総合で2000、01、06年に準優勝。日本ユニシス入社後はエースとしてチームを日本リーグ初優勝に導く。日本代表として国際大会でも活躍後、08年には日本ユニシスの選手兼任監督に。同年6月に現役を引退して監督に専念。日本B代表コーチを経て、17年からA代表コーチに就任。代表チームで桃田賢斗をはじめ男子シングルスを指導する。

佐藤翔治 さとう・しょうじ

1982年9月19日生まれ、東京都出身。上水中−関東第一高−東京富士短大。フジチュー(のちMMGアローズ)を経てNTT東日本に入社。2003〜06年全日本総合優勝。04年アテネ、08年北京(以上男子シングルス)、12年ロンドン(男子ダブルス)と五輪に3大会連続出場。ロンドン五輪後に第一線を退き、日本代表女子シングルスコーチに。17年よりNTT東日本コーチとして桃田賢斗らを指導。奥原希望の指導も担当する。

桃田賢斗《ももたけんと》が世界一《せかいいち》になった30の理由《りゆう》

2021年5月25日　第1版第1刷発行

著　者　桃田賢斗《ももたけんと》　中西洋介《なかにしようすけ》　佐藤翔治《さとうしょうじ》

発行人　池田哲雄

発行所　株式会社ベースボール・マガジン社
〒103-8482 東京都中央区日本橋浜町2-61-9　TIE浜町ビル
電話 03-5643-3930（販売部）
03-5643-3885（出版部）
振替口座 00180-6-46620
https://www.bbm-japan.com/

印刷 製本　共同印刷株式会社

ISBN978-4-583-11336-4 C0075

協力　公益財団法人日本バドミントン協会／NTT東日本バドミントン部／株式会社 UDN SPORTS／ヨネックス株式会社
デザイン　神田昇和
写真　阿部卓功／菅原 淳／北川外志廣／ベースボール・マガジン社
編集協力　楊順行／鈴木快美／バドミントン・マガジン編集部